许天 —— 著

自媒体写作变现全攻略

让用户为你的文字买单

电子工业出版社
Publishing House of Electronics Industry
北京·BEIJING

内 容 简 介

很多自媒体人的共同痛点是，很努力、很勤奋，却总是写不出爆款文章，也无法产生正向收益。出现这个问题的根本原因是，忽略了自媒体的底层要素——内容。

本书拆解了公众号、小红书、知乎、今日头条、抖音、视频号等主流自媒体平台的内容逻辑，提供了可复制的写作方法论，让读者能够快速学会写作、产出高质量内容、实现账号涨粉。本书还针对每个平台的变现策略给出了不同维度的建议，无论你的账号粉丝量是多少，你都可以将内容成功变现。

学会如何产出有价值的内容，并懂得如何通过这些内容获得收益，才算形成完整闭环。

如果你对内容写作、自媒体变现、品牌营销等有需求，那么本书将为你提供帮助。

未经许可，不得以任何方式复制或抄袭本书之部分或全部内容。
版权所有，侵权必究。

图书在版编目（CIP）数据

自媒体写作变现全攻略：让用户为你的文字买单 / 许天著. — 北京：电子工业出版社，2024.11.
ISBN 978-7-121-49125-2

Ⅰ. G206.2

中国国家版本馆 CIP 数据核字第 2024U95H67 号

责任编辑：石　悦
文字编辑：孙奇俏
印　　刷：北京捷迅佳彩印刷有限公司
装　　订：北京捷迅佳彩印刷有限公司
出版发行：电子工业出版社
　　　　　北京市海淀区万寿路 173 信箱　　邮编：100036
开　　本：880×1230　1/32　印张：8.25　字数：237.6 千字
版　　次：2024 年 11 月第 1 版
印　　次：2025 年 6 月第 3 次印刷
定　　价：69.00 元

凡所购买电子工业出版社图书有缺损问题，请向购买书店调换。若书店售缺，请与本社发行部联系，联系及邮购电话：（010）88254888，88258888。
质量投诉请发邮件至 zlts@phei.com.cn，盗版侵权举报请发邮件至 dbqq@phei.com.cn。
本书咨询联系方式：faq@phei.com.cn。

序

我上大学时学的是医药专业,走上写作这条道路纯属意外,而写作给我带来的事业高度,更是意外中的意外。

在大学期间,我的同学、室友纷纷谈起恋爱。无论是寝室,还是教室,都留下了他们卿卿我我的身影。为了掩盖"无人爱我"的残酷事实,我假装沉迷读书,日夜泡在图书馆。

其实总体而言,我还是喜欢读书的。高中时,我就爱到我们学校附近的书店看书——只看不买。久而久之,书店老板看我的眼神已经生出嫌弃,好在我脸皮厚,扛着老板憎嫌的目光免费看了三年书。

因为我时常泡在大学的图书馆里读书,读多了便想要表达,所以我开始在网上写些文章。

慢慢有编辑联系我,让我帮忙写稿子。那时候,我对于写作没什么概念,觉得能挣钱就行,20~30元/篇的稿子,我来者不拒,小到婚姻生活,大到全球经济,什么类型的稿子我都写。

在整个大学生涯里,我靠着写各种零零散散的稿子赚零花钱,几年下来虽没赚到大钱,但好在积攒了一些写作经验。

大学毕业后,我的同学纷纷做起了医药代表,剩下我独守寝室、独自迷茫。因为自己的专业能力并不出色,进医院工作很难,所以即便选择去卖药，估计我也只能卖蟑螂药和老鼠药。好在我大学毕业时自媒体行业势头正盛（2015—2016年），于是，凭着之前的写作经验，我顺利进入了自媒体行业。

在自媒体行业做了三年编辑，我渐渐成了主编。当时，我一心扑在内容创作上，没想过创业——会写几个字能干什么？不就是帮人写文章吗？写作这项技能可以用于创业吗？

因为对创业的认知有限，所以我没动过这个念头。

在机缘巧合之下，我注册了一个微信公众号[1]，在无意间做了一个涨粉活动，仅仅用了两天时间，账号的粉丝就涨到了5万名，陆陆续续有广告商上门咨询，说要在我的公众号上投广告。我核算了一下，两条广告的报价几乎顶得上我一个月的工资，那我还上什么班？

瞬间，我整个人躁动了起来。

当时已经是深夜，我心想着：明天就辞职！我越想越激动，连辞职的时候怎么让语气显得霸气、怎么能留给同事一个潇洒的背影，都一一设计好了。万事俱备，只等明天。

结果第二天一起床，我的公众号因为引流违规被封了。空欢喜一场！庆幸的是，账号不是在我辞职之后被封的，不然我的处境还真是尴尬。

不过，尽管我没有辞职，但这件事让我意识到——写作本身的势能有限，但如果能以自媒体为杠杆，那么写作可以撬动的收益之大是超乎想象的。

---

[1] 本书后面将不会刻意强调"微信"生态，简称"公众号"。

有了这种认知之后，我刚好又遇到几个很聊得来的朋友，于是我们决定一起创业。自媒体领域的创业，基本上是很轻盈的，我们几个人抱着自己的电脑，租了一间很破旧的出租屋，就这样轰轰烈烈地干了起来。我们整天窝在出租屋里，写文章、做涨粉活动，取得成绩就欢呼雀跃，遇到挫折就互相加油，创业氛围很好。唯一难为情的是，有时候我们没关好门，邻居路过，看到我们喊口号，还以为我们是搞传销的。

我们在很短的时间内就写出了一篇百万阅读量的爆款文章，带来了 6 万名基础粉丝。有了基础粉丝，无论是文章的初始流量，还是涨粉活动的参与人数，都得到了保证。我们的势头越来越猛，写出了很多篇百万阅读量的现象级爆款文章，最高的一篇达到了 2000 万次阅读，带来了 15 万名新粉丝。有粉丝就有流量，有流量就能变现，我们创业起步很顺利。

在这当中起决定性作用的，当然是产出内容的能力。

做自媒体编辑的这些年让我对流量的走势、对用户情绪的驾驭，以及对选题的判断，都有了足够的经验，我能以此产出符合市场需求的内容。

靠着这些经验，我们整个团队在一年时间里累积了 100 多万名公众号粉丝。要知道，在 2019 年，百万级粉丝量的公众号，其商业价值是相当高的。对于当时的公众号广告报价，质量好的公众号可以报到单次阅读 1~2 元。我们可以算一笔账，一个平均阅读量达 10 万次以上的公众号，若每个月接 10 条广告，其账号流水就可以达到百万元级别。当时，我们团队账号的文章平均阅读量为 3 万~5 万次，广告档期几乎要提前一两个月预约，华为、小米、腾讯、宝洁、美团、拼多多、飞利浦等知名品牌都是我们的客户。当把办公室从破旧的出租屋搬到了广州 CBD 时，我觉得一切都那么不真实。

2019—2021 年，广告市场整体平稳，整个团队都过得很舒服。

每天一到公司，就是写文章、和品牌方沟通，几乎不用费力，每个月就能获得不错的收益。为什么人人都争着做网红、做博主？其中一个很重要的原因就是，这个行业只要前期把树栽好，后期就能一直乘凉——粉丝量做起来之后，接下来只要维持住内容和数据，就能靠接广告躺着赚钱。

身处这种不费力就能赚到钱的环境里，未必是件好事，因为这很容易让你低估创业的难度。从 2021 年起，经济有所下滑，广告是经济的晴雨表，团队的营收直线下滑，跌到原来的三分之一，我瞬间慌了。那段时间，我整个人无比焦虑，经常失眠，凌晨三四点才能入睡。

十几个人的团队支出，以及广州中心区域的办公室租金，都是靠广告营收来支撑的。现在，广告营收断崖式下跌，要怎么应对这种情况？如果之后的广告市场持续低迷，该怎么办？要不要裁员？不裁员的话要怎么撑下去？想到这些，我无法不焦虑。我对公司账户的剩余资金进行了核算，如果维持现状，半年之后，公司就会倒闭。

接下来，怎么办？

现在回想，创业初期我犯的最大的错误是：过于依赖单一业务，只靠广告盈利。

众所周知，广告行业是看天吃饭的，市场经济好，广告商单数量自然多，遇到市场经济不好的时候，广告商单数量便少得可怜，而且投不投广告，投哪个账号，主动权基本掌握在品牌方手里，乙方只负责执行。盈利模式单一，且在唯一的盈利渠道中不能掌握主动权，是我们在营收低迷时期感到慌张的主要原因。

接下来怎么办？自然是寻找广告业务之外的增长点。

之所以不选择裁员，是因为我个人很重感情，他们作为公司的初创成员，我有责任不让他们失业。

于是那段时间我去见了很多投资人和老板，希望能找到可以快速入局、快速起效的新项目。大多数人遇到困难时，都会有相似的心境，总希望找个人来拉自己一把。我就这么一个饭局接一个饭局，一杯酒接一杯酒——尿酸都喝高了，也没找到合适的项目。

后来我在福建拜访一位电商行业的老板，他看我像无头苍蝇一样到处乱撞，事情没做成，时间和精力倒是赔了不少，就语重心长地劝我："小伙子，你总想着从外面找项目，但是这些项目，你们一没沉淀，二没资金，要做起来也不是容易的事，你还是要看看自己手头上有什么，以及自己能做什么。"

这番话像雷电一样劈中了我。

我们当时手头上有 200 万名左右的公众号粉丝，这是现成的资源，同时我们在自媒体领域深耕多年，对于写作，对于自媒体内容的生产，已经形成了一套有效的知识体系。问题是，怎么把现有的资源和知识体系结合起来呢？

最直接的路径自然是知识付费，开设写作课程。

问题是，那时市面上的写作课程多如牛毛，随便在大街上拉一个路人来问，他可能都说他是做知识付费的，那我们的课程有什么优势呢？随后我突然想起，因为在内容行业多年，我认识了大量自媒体从业者和品牌方，他们经常找我约稿，说我们团队的文章写得不错，希望能给他们安排几篇。那我能不能研发出一套课程，把写作人才和写作需求结合起来，实现闭环？

要想让这门课程区别于市面上的其他课程，光提供成熟的写作知识体系还不够，至少还得搭配上其他服务——变现。

大多数人学习写作，除了想习得这项技能，还希望这项技能可以直接为自己带来收益，而我们手头的这些稿件刚好可以派上用场——既能实现甲方对稿件的需求，又能帮助学员赚到稿费，一条集培训和变现为一体的产业链就这样打通了。

相关的写作课程推出之后，无论是营收还是学员反馈，都非常好，公司也因此稳住了。

兜兜转转，还是写作（内容）救了我们。

自然地，因为之前吃过业务单一的亏，所以这一次除了做知识付费，我们团队还开始探索小红书和抖音，尝试入局短视频领域。短视频的制作成本比图文高，团队的钱也不是大风刮来的，因此这就要求我们在短视频领域要快速拿到结果。

我想再次感谢自己这些年在内容上的沉淀。

尽管短视频在节奏、结构、呈现上不同于图文，但内容的底层逻辑是相通的——什么样的选题有流量，什么样的情绪能打动用户，什么样的叙事手法更容易让用户接受，这些我都能站在内容创作者的角度很好地预判。正如预期，我们在短视频领域很快获得了反馈，目前业务跑得很顺利。

从最初开始创业,到创业跌倒再次出发,写作(内容)都是我们最为核心的武器。

回顾自己的创业生涯,始终绕不开两个关键词——自媒体和写作。

要说这两者让我走上了人生巅峰可能有点儿夸张,但让我达到了自己从未想过的事业高度,它们功不可没。早些年,想要通过写作找到出路并不容易,如果你的写作能力普普通通,那么你能做的职业很有限,文案、编辑、写手等,应用场景谈不上丰富,报酬也谈不上丰厚。而在自媒体时代,写作这项能力可以被无限放大,去撬动更大的财富和资源。

在某种程度上,我甚至觉得自媒体时代带给了文字工作者最大的机遇。无论是内容需求度,还是个人曝光量,似乎都从未像现在这般磅礴。

前不久,在我们创业五周年当天,我和合伙人在公司楼下散步。周边很多公司因为熬不过经济低迷期而倒闭,写字楼中的很多办公室都是空置的,有些公司甚至因凑不出最后几个月的租金而被物业公司将电脑和办公桌都锁了起来。我们看着这些场景,感慨万千。

我们看着彼此,开始讨论我们的公司为什么能活到现在,在罗列了种种因素之后,最终我们不约而同地认为,根本原因是:我们做的是一家内容服务公司。

只要有自媒体平台在,内容需求就在,只要有内容需求在,我们就不至于饿死。

我出生在农村,初中之前没出过我们小镇,大学毕业后也因为学校原因（二本院校）在职场上没有优势。按理来说，我拿到的是一手烂牌，想要在事业上有大的突破是很难的。但我生命里出现了写作，我又刚好赶上自媒体时代，以至于我可以把一手烂牌打得还不错。

写这本书的目的在于：我希望任何和我一样喜欢写作的普通人，都可以借助自己所爱，发光发热，让自己生命的齿轮有或多或少的转动。

目录

第1章 图文最好的载体——公众号 /1

1.1 公众号的流量逻辑 /2

1.2 公众号的基础搭建和运营 /9

1.3 说出来会被同行拉黑的公众号涨粉秘籍 /16

1.4 公众号引流文案写作 /21

1.5 公众号带货文案写作 /24

1.6 公众号阅读量10w+的爆款文章写作 /27

1.7 公众号变现的5大模式 /38

第2章 商业变现万花筒——小红书 /42

2.1 小红书隐秘的商业属性 /43

2.2 小红书的流量分发机制 /46

2.3 小红书账号的基础搭建 /52

2.4 如何"薅"小红书官方流量 /56

2.5 小红书内容规划的4个维度 /61

2.6 小红书带货笔记和引流笔记写作 /64

2.7 小红书爆款笔记写作 /74

2.8 小红书变现的3大模型 /80

第3章　最大的中文问答社区——知乎　/84

3.1　知乎的算法　/85

3.2　知乎高赞技巧　/89

3.3　知乎回答文案写作　/94

3.4　知乎小说写作　/97

3.5　知乎带货文案写作　/103

3.6　知乎变现的5大模式　/107

第4章　适合小白的写作变现平台——今日头条　/113

4.1　今日头条的算法　/114

4.2　今日头条的入驻与运营　/118

4.3　今日头条爆款文章写作：选题策略　/123

4.4　今日头条爆款文章写作：标题和封面策略　/129

4.5　今日头条爆款文章写作：内容和互动策略　/135

4.6　今日头条涨粉　/140

4.7　今日头条的5大收益渠道　/145

第5章　两个不可忽略的短视频阵地——抖音和视频号　/150

5.1　抖音和视频号的算法　/151

5.2　抖音和视频号的基础运营　/157

5.3　口播视频脚本写作　/163

5.4　剧情视频脚本写作　/170

5.5　直播带货脚本写作　/174

5.6　电影解说脚本写作　/179

5.7　脚本变现：商业供稿与自行拍摄　/183

第 6 章　写作相关工具　/189

6.1　用于写作的 AI 工具　/190

6.2　自媒体排版工具　/199

6.3　金句搜索工具　/208

6.4　写作素材搜索工具　/213

第 7 章　最值钱的流量——私域流量　/222

7.1　私域流量为什么重要　/223

7.2　私域的基础运营　/227

7.3　私域教育文案写作　/233

7.4　私域转化文案写作　/238

7.5　私域运营的注意事项　/243

结语　/247

第1章

图文最好的载体——公众号

1.1 公众号的流量逻辑

我有一个发小儿,他学的是汽修。别人在车里,他在车底。他们专业的第一门课是拆车,把好端端的一辆车拆成一大堆零件。他说:"你不把一样东西掰开揉碎,怎么知道它的组成呢?"

我们自媒体从业者也是如此,要想在一个平台上做好内容,首先要学会拆解平台的流量逻辑。

在众多自媒体平台中,公众号的流量构成相对不那么开放,来源基本固定,不外乎图1-1所示的几个主要渠道,每个渠道的流量占比各不相同。

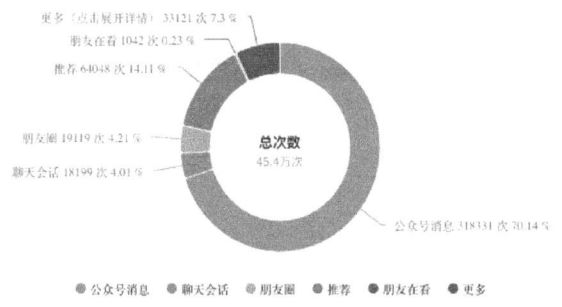

图 1-1

不同的公众号,因账号属性和文章质量不同,其各个渠道的流量占比也会有一定的差距,但整体上不会相差太远。"公众号消息""推荐""朋友圈""聊天会话""朋友在看"是主要流量来源,也是用户获取信息的主要渠道。如果要对这些流量来源进行分类,可以将其分为公域和私域两类。

公域和私域分别指什么呢？

其实这两个概念很好理解。只要把它们看成特定空间即可（见图 1-2）。私域相当于你的私人房间，用户只有进入你的房间才能看到你、听到你说话，它的特点是有较高的私密性和壁垒性，你可以在里面畅所欲言，你的地盘你做主。而公域则像一个公共大厅，任何人都可以在这里唠家常、讲八卦，谁恋爱了、谁分手了、谁生二胎了……它的特点是，你的言行举止要遵守相关规则，不能为所欲为，同时流量是开放的，相对没有那么精准。

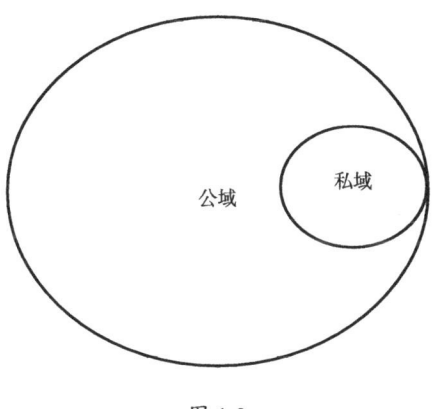

图 1-2

清楚公域和私域的区别，再来对公众号的各个流量来源进行分类就很简单了。如图 1-3 所示，"公众号消息"和"聊天会话"属于私域流量，"推荐"、"朋友圈"和"朋友在看"则属于公域流量。从流量占比来看，公众号是一个偏向私域的平台。

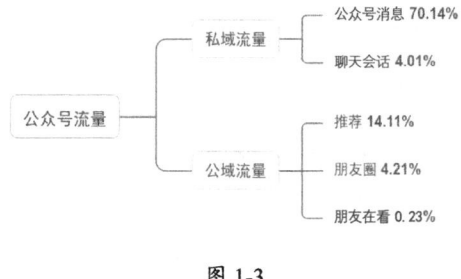

图 1-3

接下来,我们会对各个流量来源逐一分析。

1. 私域流量

1) 公众号消息

公众号的主要流量来源是"公众号消息"。

"公众号消息"是什么呢?它指的是我们收到的由公众号平台推送的消息。大部分人都会关注一些公众号,对于收到推送的消息应该不会感到陌生。怎样才能收到公众号推送的消息呢?前提条件是你关注该公众号,也就是所谓的订阅公众号,你有订阅行为,平台才会给你推送消息。关注一个公众号之后,推送的消息就会显示在微信聊天对话框中,用户可以根据自己的喜好来决定是否查看。

大多数情况下,"公众号消息"基本决定了一篇公众号文章的阅读量。而决定"公众号消息"的两个关键因素分别是公众号用户基数和公众号打开率。

为什么有些头部公众号随便推送一张图片,都能获得 10 万次以上的阅读量?因为用户基数足够大。这就好比你在养了 10 条鱼的池塘里和在养了 1000 条鱼的池塘里钓鱼,同样把诱饵撒下去,显然后者钓到鱼的概率更高。当一个账号的用户量达到几百万甚至上千万级别时，别说发一张图片，哪怕只发一个标点符号，都会有很可观的浏览数据，这就是头部账号效应。

公众号打开率的高低主要由文章标题决定。标题如果起得好，能够击中用户痛点或引发用户的好奇心，那么打开率自然会高；而那些平平无奇又毫无吸引力的标题，自然无法带来高打开率，这也是公众号文章的大忌。当然，我们不能为了刺激用户打开公众号文章便无所不用其极，起各种大尺度的标题，这样做一来会让用户打开一篇文章的阈值被不断抬高，二来会因内容与标题不匹配而让用户产生被欺骗感。在某些特殊情况下，打开率还和公众号文章的质量及作者的个人魅力有关。持续输出高质量文章，用户的体验好，其打开公众号的欲望自然也会提升，所以，不能一味地追求文章数量，还是应该在文章质量上花心思。套路虽好用，但真诚更得人心。

2）聊天会话

我们进入一个公众号主页的会话框，上下滑动，就能看到不同时期推送的文章。通过这种方式点击文章所产生的流量，将计入"聊天会话"的范畴。通常只有关注公众号的用户才会这么操作，比如用户看完一篇推送文章之后，觉得"哎哟，小伙子写得不错"，于是进入公众号主页浏览其他文章，并产生"聊天会话"流量。

2. 公域流量

1）推荐

公众号曾经是一个近乎"完全私域"的平台，算法不作用于内容推荐，内容扩散只能靠用户转发。

自 2023 年 5 月起，公众号调整了流量分发机制，平台根据用户过去的行为和兴趣偏好进行个性化内容分发，把用户可能感兴趣的信息直接"投喂"到用户嘴边。"推荐"便是这次调整的产物。

如果大家留意了，就会发现在订阅号信息栏、推送文章底部及"看一看"中，时不时会有相关"推荐"，这就是公众号平台的推荐机制。我曾有一篇文章进入官方推荐渠道，获得了 140 万次以上的曝光，如图 1-4 所示。

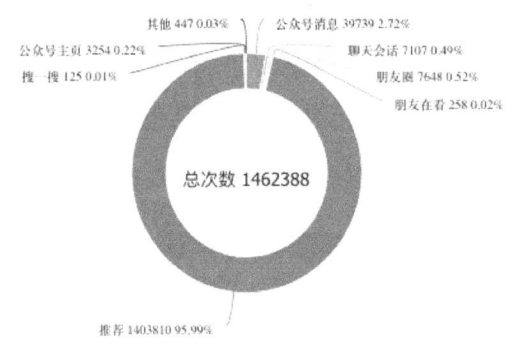

图 1-4

我细细复盘这篇文章与我其他文章的区别，发现：确实有区别，但区别不大。

我特意咨询了在微信内部工作的朋友，问他为什么推荐这篇文章。是因为我帅，还是因为我有才华？他说和这些没有半毛钱关系，而是每一位持续产出的作者，或多或少都会得到一些推荐机会，坚持原创的作者被推荐的概率更高一些。

对于"推荐"这个流量来源，我不建议大家刻意冲击，它具有较强的不确定性。我们常开玩笑说"你可能等到三体人攻打地球了，都不一定能被官方推荐"，而有些作者可能刚创建公众号，其文章就获得了推荐。

我们唯一能做的是：尽可能多产出，同时保证文章质量。万一被推荐，我们也能以自己的最佳状态被他人看见。

2）朋友圈

"朋友圈"这一流量来源，到底算公域还是私域，一直以来都有争议。

其他人要想看到你的朋友圈，必须和你互为微信好友，这么理解，朋友圈似乎更符合私域标准。可换一个角度想，用户把公众号文章转发到朋友圈，相当于把它投入一个公开的流量池，不感兴趣的人会忽略，感兴趣的人会点开阅读，甚至二次传播，听起来是不是更像公域流量的产生方式？对于"朋友圈"这一流量来源，我倾向于把它划分到公域里。

要想打动用户并让其转发到朋友圈，内容质量无疑是最重要的。

3）朋友在看

相信大家对这个功能都很熟悉，我们看一篇公众号文章，到底部会看到图1-5中的几个选项，位于右边的两个分别是"在看"和"点赞"。

图1-5

公众号创作者比较看重的是"在看"功能，它是基于用户阅读反馈的推荐机制。

可能"基于用户阅读反馈的推荐机制"这个说法有些"烧脑",我举个直白的例子:假如张三看了你的公众号文章,觉得质量顶呱呱,或认为你的文章能彰显他独特的品位,于是点了"在看";随后你的文章会被投送到微信"发现"页的"在看"推荐栏里,被张三的其他微信好友看到,形成阅读传播。相当于,你的文章通过张三的"在看"被传播出去了。

为什么这么多公众号创作者希望在文末让读者帮忙点"在看"呢,就是希望自己的文章能通过读者被更多人看到。当然,我不建议大家在文末低三下四地求读者点"在看",读者点"在看"的动机,理应出于对文章质量的认可,而不是创作者的乞求和卑微。

按照目前的行业数据来看,通过"在看"产生的流量十分有限,在一篇文章的流量来源构成里占比不超过1%。

4)更多

对于"更多"这一流量来源,其构成相对复杂,如图1-6所示,既有公域流量,又有私域流量,我们只需要简单知道即可。

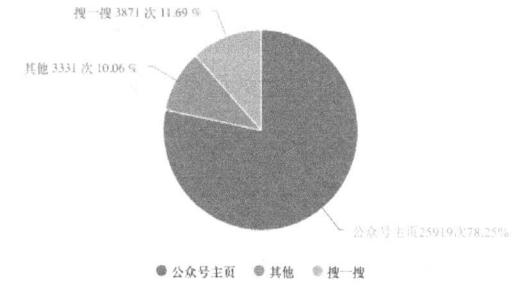

图 1-6

公众号流量是通过哪些渠道产生的，而影响这些渠道的因素又有哪些——通过上面的拆解，基本逻辑已经很清晰了。

简单来说，要想提升公众号文章的阅读量，首要任务是提高"聊天会话"的流量占比，即提高用户基数，具体方式多种多样，既可以通过商业运作，又可以通过好的内容；其次是提高"推荐"和"朋友圈"的流量占比，这和内容是否有传播价值有关。

当我们清晰地知道一个平台的流量逻辑后，接下来只需要依照这个逻辑进行账号运营即可。

1.2 公众号的基础搭建和运营

1. 公众号的类型

公众号的基础搭建不难，难的地方在于，我们要如何根据内容定位去搭建账号。

公众号是一个基于微信聊天软件的内容平台，按照类型可以分为服务号和订阅号，两者承载的功能不同。在注册账号之前，我们需要搞清楚两者的优势和局限，从而找到适合自己定位的账号类型。服务号和订阅号的主要区别有以下3点。

（1）申请主体：服务号主要为企业服务，开通的时候需要提交企业营业执照等相关证明文件，如果你打算以个人名义开通，不好意思，还真开通不了；而订阅号对申请主体不设限制，无论是个人还是企业，都可以申请开通。

（2）用途：因为服务号是为企业提供服务的，所以在设计上兼顾了用户管理和业务支持功能。在推送频率上，服务号每个月可以推送 4 次，每次可以发布 1~8 篇文章；在基础功能上，服务号已经非常智能，可提供微信支付、客服聊天、会员系统等服务。订阅号的功能丰富度没有那么高，主打内容发布与传播，每天可以推送 1 次，每次可以发布 1~8 篇文章。

（3）消息展示位：服务号的消息直接出现在个人微信聊天界面中，就像朋友给你发消息一样，"红点"非常醒目，因此打开率通常很高；而订阅号的消息是显示在订阅栏中的，可能会被折叠，容易被用户错过。

这么一对比，两类账号的优缺点就一目了然了。

从内容角度出发，个人创作者一般应申请订阅号，因为在运营公众号前期，提高发文频率有利于提高出现爆款文章的概率，更早获得反馈。要是用服务号发文章，一个月只允许更新 4 次，频率太低，猴年马月都不一定能看到结果。

2. 公众号的搭建

在网页中搜索"微信公众号"，进入官方页面，即可提交注册申请。官方会给出 4 个选项，分别是订阅号、服务号、小程序、企业微信，如图 1-7 所示。这里我们选择注册订阅号。

选择订阅号之后，需要经过基本信息—选择类型—信息登记—公众号信息这 4 个步骤来完成申请，过程当中需要电子邮箱、居民身份证号、手机号等用于信息验证（注意：一个手机号支持注册 5 个公众号）。在完善这些信息时，按步骤填写即可，操作比较简单。不过，有两项信息要特别注意——公众号名字和公众号简介。

图 1-7

公众号名字事关账号的辨识度和内容领域，公众号简介则是进一步补充说明公众号价值所在的关键内容。

公众号名字怎么起呢？建议尽可能简单明了，直接体现账号价值。对于个人公众号，常用的起名方式有以下 3 种。

（1）职业+名字。

（2）兴趣+名字。

（3）优秀品质+名字。

举个例子，假如张三要给自己的公众号起名字，他本人是医生，喜欢科普一些医学常识，每天坚持学习，那么他就可以用"张三医生"，或者"爱讲医学的张三"，抑或"每天进步的张三"等作为公众号名字。用这种方式为公众号命名，既能凸显鲜活的人物形象，又能概括账号的内容方向。

公众号名字的自由度是很高的，大家可以自由发挥，不过要注意避开以下两个禁忌。

第一，尽量别起不明所以的名字，比如"你是我的未了情"或"会有天使替我爱你"，用户会感觉一头雾水，无法判断账号的价值是什么。

第二，尽量不要起太长的名字，因为公众号推送消息时，显示在订阅号信息栏里的文字是"公众号名字+标题"的组合，显示字数是固定的，如果公众号名字过长，则意味着文章标题显示不全。举个例子，假如你的公众号名字叫"巴勃罗·迭戈·荷瑟·山迪亚哥·弗朗西斯科·德·保拉"，那么不好意思，无论你的文章标题是什么，订阅号信息栏中显示的都只有这一长串名字，标题的意义将荡然无存。

公众号简介，是对公众号名字的补充和对账号价值的概括，比如，作者是做什么的、账号能提供什么内容等。

公众号简介相当于一个简短的自我介绍，需要用一两句话高度概括自己的特别之处。自我介绍的方式有成千上万种，我建议选择个人背景、个人成就、价值范围、共同目标、常用功能中的任意3~4个，组合起来形成简介。用以上方法，我的公众号简介就可以写"7年自媒体人，已出版《自媒体写作变现全攻略——让用户为你的文字买单》，希望帮助50万人掌握写作技能"，即组合个人背景、个人成就和共同目标。

大家可以根据自己的需求去搭配，把自己的闪光点亮出来，这样用户才会循着光的方向注意到你。

填写好信息，完善好头像、名字、简介之后，账号的基础搭建就已经完成。如果要让账号有更好的用户体验，光是基础搭配还不够，我们还需要在一些加分项上下功夫。

1）被关注回复

当用户被一个公众号的文章打动时，他可能会做出以下任意举动：点赞文章、转发文章、关注公众号。

用户做出点赞和转发行为后，公众号作者是无法直接与用户建立连接的，但如果用户关注了公众号，那么作者是有机会与用户连接并让其获得更好的体验的——设置"被关注回复"。

进入公众号网页版，如图1-8所示，依次点击"内容与互动"—"自动回复"—"被关注回复"即可进行设置。

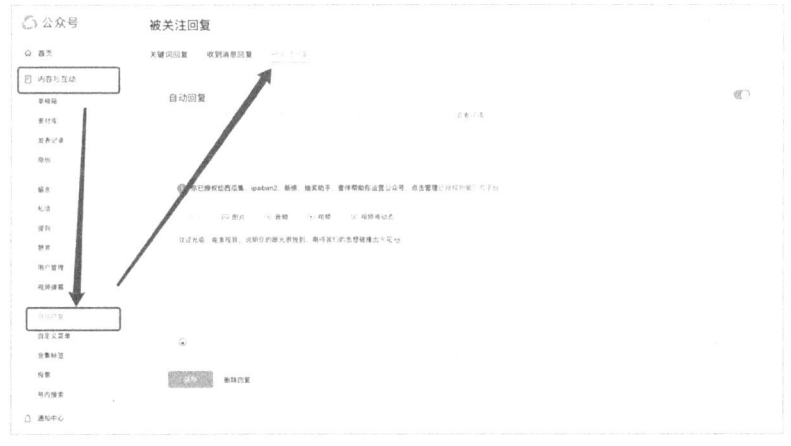

图 1-8

为什么说"被关注回复"的设置很重要？因为对用户而言，"被关注回复"相当于他去饭馆、去景区、去商场时，门口的迎接标语。迎接标语的作用是让入场者觉得自己是受重视且被欢迎的。毫无疑问,有迎接标语的体验通常要好于无迎接标语的体验,而花时间精力构思的迎接标语,肯定比满大街都是的"欢迎光临"更显诚意。

"被关注回复"的风格可以是情真意切的,也可以是热情大方的,还可以是风趣幽默的。无论选择哪种风格,最好能给用户带来积极愉悦的情绪,让用户产生好的初印象。

2)公众号菜单

公众号菜单,指的是进入一个公众号主页所能看到的按钮,如图 1-9 所示。

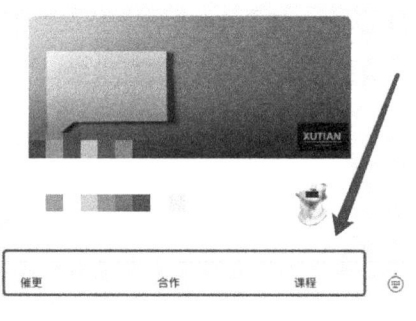

图 1-9

如今的订阅号菜单,功能已经很丰富,支持弹出文字、图片、公众号推文,以及跳转网页和小程序。一个简单的按钮就能实现各种功能——浏览所有的往期文章、添加作者的联系方式、与作者交流合作。此外,还可以设置一些有趣的互动,比如性格测试、匿名信箱、微信小游戏等。

装扮公众号菜单,目的是让账号具有更人性化的用户体验。进入公众号网页版,如图 1-10 所示,依次点击"内容与互动"—"自定义菜单"即可进行设置。

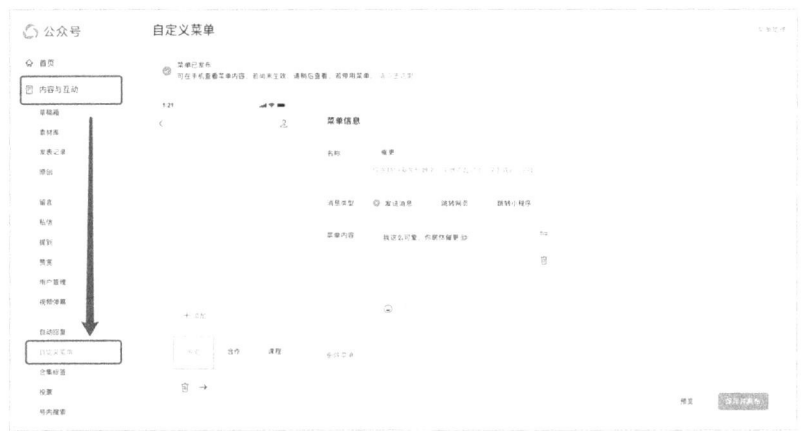

图 1-10

3）公众号排版

公众号排版，即从头像、封面、头图到正文字体、底部二维码等，对公众号的一切视觉内容进行设计编排。

市面上的公众号排版风格五花八门，什么样的都有，这和个人审美有关。文笔狂放、用词大胆的，排版风格可以调皮些，加些表情包都无妨；行文严谨、选题严肃的，版面应尽可能简洁工整。至于选择什么风格，要根据账号的规划而定。在这里给大家推荐几个公众号排版平台，上面有许多现成的模板，大家可以根据自己的喜好选择模板，直接套用。

- 壹伴微信编辑器。
- 135 编辑器。
- i 排版。

- 秀米。

视觉排版，在某种程度上体现了一个公众号的门面，也展示了公众号的调性和品位。就好像店铺装潢一样，是百年老店，还是网红新店，看一眼装潢风格便能知晓。对于公众号排版，如果没有明确的方向，建议遵循整齐舒适的原则。

完成上述步骤，一个公众号的基本功能就算是搭建完成了。接下来需要将重点放在涨粉和内容产出上。

1.3　说出来会被同行拉黑的公众号涨粉秘籍

毫无疑问，自媒体平台涨粉是一件很难的事。如果每个人都能轻易获得大量粉丝，那么粉丝就没意义了，博主（号主）和常规用户之间的壁垒也将无从说起。这就好比，如果人人都能胸口碎大石，那么杂技就无法成为一个具有观赏性的节目。一种社会行为、社会现象，或特殊影响力，只有少数人能做到，它才会有价值。

对于个人创作者来说，公众号涨粉通常有两种途径——策划内容和策划活动。

1. 策划内容

很多人会有一个误区，以为内容产出靠的是灵感。

自媒体领域的内容不同于传统文学内容，很多时候它是可以被策划的。策划内容需要具备一项很重要的能力——选题嗅觉。什么是选题嗅觉？它指的是一种能够预判什么样的选题更有流量、更有传播性的能力。培养选题嗅觉，可以在平时多上网"冲浪"，多看热搜，多关注社会新闻，知道大众的注意力集中在哪里。

选题嗅觉是一个需要长期培养的能力，在具备此能力之前，我给大家提供3个流量稳定的选题方向。

（1）全民关注的话题：比如一件事、一个人、一项政策，全网都在关注它的动向，那么它就属于全民关注的话题。常见的有各种热点事件、举国欢庆的节日、影响民生的政策等。

（2）热门影视书刊作品：举个例子，我发现有不少公众号以解读《甄嬛传》和《知否知否应是绿肥红瘦》等热门电视剧为内容方向，几乎每篇文章都可以获得上万次的阅读量。网上也有很多专门分析《红楼梦》的创作者，其他内容一概不碰，只解读红楼梦人物，由此聚集了数十万名关注用户。为什么会有这样的效果呢？因为热门电视剧、经典图书作品往往有着庞大的观众基础和读者基础，这些人会沉浸在故事情节中，进而关注相关的内容。

（3）时代共同的痛点：指的是我们所处时代面临的共同难题，比如买房问题、催婚问题、催生问题、鸡娃问题，这些都是大众所关心的事，具有很高的热度。

策划内容，我们通常分三步走，如图1-11所示。

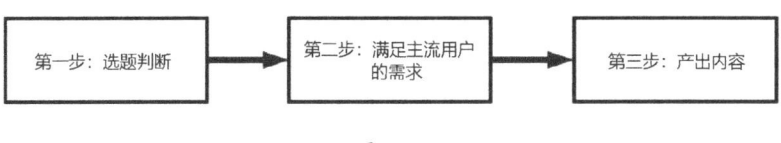

图1-11

第一步，需要判断选题是否可用；第二步，在确定选题的基础上尽量满足主流用户的需求；第三步，产出内容。

我们不妨以最近两年很出圈的"淄博烧烤"为例进行说明。

第一步，判断淄博烧烤这个选题是否可以用，这是全民关注的话题，有讨论度，有流量基础，有成为爆款的潜质，显然可用，也可以作为涨粉内容去用心策划；第二步，既然淄博烧烤这个选题能用，那么应该从哪个角度切入呢？自然是要考虑尽可能多的人的需求。淄博烧烤火了，很多人都想吃，可大多数人要上班没法去吃，怎么办？我们是不是可以策划一篇题为《50块钱吃到撑，在家一比一复制淄博烧烤教程》的文章，让更多人在家就能解馋？又或者考虑到很多人去淄博吃烧烤人生地不熟，不知道选哪家店，因此可以为外地游客提供一份去淄博吃烧烤的最强攻略，产出文章《没有这份攻略，你去淄博只能吃到假烧烤》。

其他选题，以此类推。

成功策划出内容，就一定能"蹭蹭"涨粉吗？未必！不过将文章传播出去是涨粉的前提。要实现在广泛传播的同时吸引更多的用户关注，需要相关的运营技巧，我们将在本节最后进行讲解。

2. 策划活动

2018年，还在上班的我，背着老板，偷偷花2小时策划了一次涨粉活动。

当时正值4月23日"世界读书日"，于是我借着这个节点，把读书和涨粉进行了结合。大多数人在平时读书时可能会遇到一些难题——读什么书？读书不够自律怎么办？没有阅读的氛围怎么办？于是我发起了一个"我想承包你未来十年的书"的主题活动，活动并不复杂，采用抽奖的形式抽取 3 名幸运用户，享有我这位专属"读书管家"的服务。

作为读书管家，我会甄选我认为很值得阅读的书，在未来 10 年，每个月给中奖用户邮寄一本书，书名保密，让用户去开盲盒。收到书之后，用户可以随时跟我分享自己的阅读感受，无强制要求，想分享就分享，不想分享就独自感受。

这次主题活动的推文阅读量达到了 20 万次，为我的公众号带来了 5 万名新的关注用户，转粉率非常高。活动结束后，我问 3 位中奖的用户为什么想参加这次活动，他们的反馈很相似——读书本来就对自己有益，何况每个月都会收到一本书，又不确定是什么书，读完了还可以与人分享，这实在是一件值得期待的事，这个过程光是想想就很愉悦。

后来我又策划了各种大大小小的活动，我发现，想要让活动成功，借势很重要，洞悉用户的动机更重要。而用户动机无非就两种：满足利我需求，或者满足社交需求。

（1）满足利我需求：简单来说，站在用户的角度，这个活动是对我有利的，比如读书能为我带来知识。2018 年，各大平台上都很火的锦鲤抽奖也是基于这一用户动机策划的，奖品类型极其丰富，从手机、电脑、化妆品到服装、鞋子应有尽有，用户看到消息肯定想参与抽奖，毕竟抽到就是赚到。

（2）满足社交需求：是指活动能让用户找到同类，或者和其他人有共同话题，产生连接。很多公众号喜欢基于这一用户动机策划活动来涨粉——他们把各种演唱会门票作为活动奖励，让用户@自己的好友共同参与，成功即可与好友一起来听演唱会。一般情况下，一起听演唱会的朋友，其音乐品位基本是一致的，他们有共同的话题和社交需求。

善于借势，又能满足用户需求，这是成功策划活动的本质。

话说回来，成功策划了一个很有传播性的活动，就能确保用户增长吗？用户参加活动不代表他会关注你的公众号啊！是的，内容策划也好，活动策划也好，成功传播并不意味着成功涨粉。

在这里，我们要用到一个运营技巧：多用获取式内容。

依旧以"淄博烧烤"为例，你发布文章《淄博烧烤避坑指南》，获得了广泛转发，如果能在这篇指南的基础上附一篇《解锁淄博烧烤的 10 种花样吃法》，会不会有用户想顺着看下去？大概率会的，因为两篇文章的关联性足够强。但你不能将这篇附文直接发在推文里，而是要发在公众号后台，让用户通过回复关键信息去获取，这样的内容就是获取式内容。

用户给公众号发送关键信息前，要做的一个动作是什么？

——关注。

用户只有关注一个公众号，才能给公众号发消息并获取自动回复的内容。很多视频平台，允许用户在不关注账号的情况下给博主发消息，哪怕只能发一条。但公众号平台是个特例，只有先关注才能发消息——我们要在平台允许的情况下，利用平台特点来涨粉。

同理，如果你想策划活动，则可以把抽奖码或报名链接放到自动回复里，让用户通过发送关键词去获取，从而完成关注动作。

这个运营技巧一公布，感觉有很多同行要找上门骂我了。

1.4 公众号引流文案写作

进行引流操作时,必定会发生用户转移。

转移可能发生在同一平台的不同账号之间,也可能发生在不同平台之间。根据对象不同,我们把公众号的引流客体分为同平台引流及外部平台引流两种。

(1)同平台引流:浏览公众号时,我们经常会看到一些公众号互推,A 在其公众号上推荐 B 的公众号和文章,B 在其公众号上推荐 A 的公众号和文章,彼此互相引流,实现共赢。当然,也有人付费推广。这个过程中涉及账号匹配,互推或付费推广肯定不是随便找一个账号的,要根据用户画像,找到相匹配的账号来进行互推引流或付费推广。

(2)外部平台引流:很多平台对于自身用户都会设置保护措施,毕竟用户就是资产,不能免费引流。要想在其他平台免费将用户引流到公众号,可谓难上加难。目前允许免费将用户引流到公众号的平台有知乎、豆瓣、虎扑、简书等。

无论是同平台跨账号,还是跨平台,引流都意味着用户需要动手操作,从一个地方切换到另一个地方。在这个注意力如此分散的碎片化阅读时代,用户为什么要跨账号、跨平台,千里迢迢地跑来关注你?要想让用户做出这个动作,引流文案至关重要。

公众号引流文案的结构不宜太复杂,篇幅也不宜过长,用户一般不会为一篇文章停留太久。你需要在短时间内抓取用户的注意力,在用户停留的几十秒内完成转化。简单来说,引流文案的结构如图 1-12 所示。

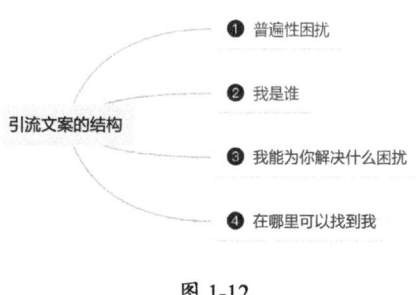

图 1-12

1. 普遍性困扰

抛出普遍性困扰,能有针对性地筛选出目标用户,比如你的目标用户是考研人群,那么你可以到知乎或豆瓣平台的考研话题下,点出他们的共同困扰,比如选专业难、跨专业考研有困境等,吸引他们的关注。

2. 我是谁

你需要简短有力地进行自我介绍——你是谁,你取得过哪些成绩。还以考研为例,你可以是今年上岸[1]的研究生,取得了非常高的初试成绩,且仅仅用两个月备战就成功上岸。这些内容能让用户对你产生身份认知和能力认同。

3. 我能为你解决什么困扰

这部分是最关键的,因为它是实现用户引流的决定性因素。用

---

[1] 上岸,指考生通过公务员、事业编、研究生等专业考试并被录取。

户为普遍性困扰停留，在知道你是谁、你有哪些能力之后，如果能得到肯定的答案——你可以解决他的困扰，那么他就会做出跨平台关注你的动作。比如，作为成功上岸的研究生，你只用了两个月备战就成功考上，是因为用到了某些复习技巧、做了某套真题，现在你打算把这些技巧和真题免费分享给备考生，这吸引力够不够？够够的！因为他们需要的就是这些可以拿来即用的成功解决方案。

在提供具体的解决方案时，通常用图 1-13 中的几种形式。这些形式的成本足够低。如果每位用户过来索要解决方案时，你都从零开始为对方讲解，那么成本无疑太高，也无法大规模操作。

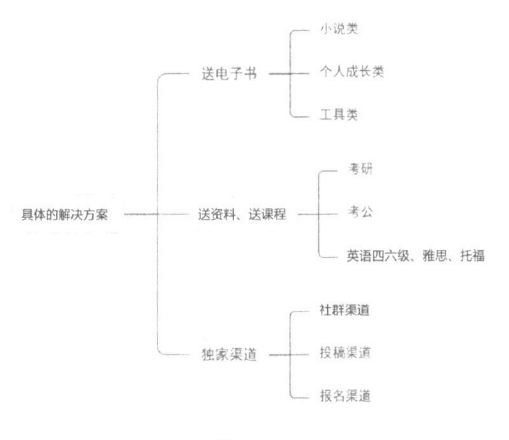

图 1-13

4. 在哪里可以找到我

到这一步，要展示的是引流承接平台，即你的公众号。提醒一句，大多数平台是不允许直接展示公众号二维码的，否则容易被限流和封禁，所以在文末附上公众号名字即可。

总结来说，引流文案具备上述基本结构就能达成引流效果。其中的"我能为你解决什么困扰"至关重要，也是引流文案的核心。

另外，当你通过送资料、送课程来解决用户的困扰时，请务必坚持原创，或者使用经授权允许传播的内容。作为内容创作者，一定要有版权意识。

1.5 公众号带货文案写作

介绍带货文案写作之前，我先抛出一个问题：在浏览互联网内容时，用户会在什么情况下发生购买行为？

这里不妨模拟以下场景：

在某个盛夏的夜晚，天气微热，你躺在床上刷手机，无意间看到一篇文章正在推荐电风扇，你有买电风扇的念头，不过并不强烈。毕竟天热可以开空调，打开窗通风效果也不差，何况市面上有那么多款电风扇，凭什么要买这款呢？

接着你发现这款电风扇不简单，充电1小时可以连续使用7天，极其省电，此外它还可以边制冷边加湿，不像开空调时那么干燥。看到这里，你微微心动，觉得这款电风扇看起来不错。可你没有在第一时间下单，因为你不知道这些功能是真是假。

你又接着往下看，原来它是某个国产大品牌研发的新产品，质量有保证，明星、网红都在用，还冲到了某购物平台电器类榜单的前三名。你的心动指数又上升了，不过你还是没有下单，你猜想，赶在大促节点购买，或在其他购物平台购买，价格会不会更便宜？

就在这时，你看到这款电风扇正好有特惠活动，满100元减20元，还送纸巾，活动仅限今天。妈呀，真是太优惠了，于是你果断下单。

每个人发生购买行为的时间节点可能有些许差异，不过发生购买行为的第一个触点永远是，你有需求。第二个触点是，产品刚好能满足你的需求。第三个触点是，产品在满足你需求的前提下，价格也很有优势。

搞清楚用户发生购买行为的三个触点，再去撰写公众号带货文案就很容易了，其结构大致如图1-14所示。

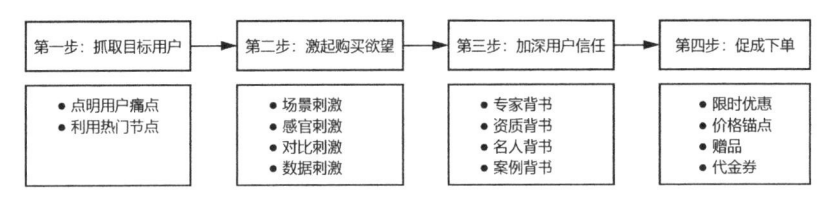

第一步：抓取目标用户	第二步：激起购买欲望	第三步：加深用户信任	第四步：促成下单
● 点明用户痛点 ● 利用热门节点	● 场景刺激 ● 感官刺激 ● 对比刺激 ● 数据刺激	● 专家背书 ● 资质背书 ● 名人背书 ● 案例背书	● 限时优惠 ● 价格锚点 ● 赠品 ● 代金券

图 1-14

1. 抓取目标用户

互联网的流量并不总是精准的，因此第一步就是根据需求抓取目标用户。要把抓取用户的"工具"用到用户看得见的地方，比如放在文章标题里，或放在文章开头的段落中。

怎么抓取目标用户呢？第一种方法是点明用户痛点，如同饿了要吃饭、渴了要喝水，直接点明痛点能让有相关需求的用户驻足停留；第二种方法是利用热门节点，比如夏天来临人们会面临高温困扰、蚊虫困扰，那么夏天就是一个推销防晒衣、防蚊液等产品的热门节点，可以利用该节点去抓取目标用户。

2. 激起购买欲望

找到目标用户不难，难的是激起他们的购买欲望。

在带货文案里，我们如何激起用户的购买欲望呢？可以单独或组合使用以下方式。

（1）场景刺激：呈现出一个场景，让用户产生向往感（或者厌恶感），从而发生购买行为。比如，前面举例说到的电风扇，对应的场景就是，用了这款电风扇，无论是工作、玩手机，还是睡觉，用户都会感觉很舒服。那么此刻满头大汗看着手机中带货文案的你，就会产生向往感。

（2）感官刺激：呈现产品带给用户的感官变化，从而刺激用户发生购买行为。比如，推销一件衣服，那就可以展示用户试穿之后整个人气质得到的提升，刺激用户购买同款衣服来提升气质。

（3）对比刺激：呈现使用产品前后的对比，让用户因为对产品后期效果的认可而发生购买行为。这种方式在带货文案里很常用，比如推销某款护肤产品，就可以展示使用该产品前后的皮肤效果对比图。

（4）数据刺激：将产品卖点和效果量化成直观的数据进行展示，刺激用户发生购买行为。比如，你用了某产品之后减重多少斤、全网有多少人正在用这款产品，等等。

3. 加深用户信任

在带货文案中，不仅要告诉用户一款产品有多厉害，还要让用户相信它确实这么厉害。

怎么让用户相信呢？肯定是用各种方式为相关产品进行背书——

哪些权威专家参与了产品的研发设计，产品获得了哪些权威资质或认证，有哪些名人也在使用该产品，用户使用完产品之后看到了哪些惊人的效果，等等。总结来说，在推荐一款产品时，应尽可能围绕专家背书、资质背书、名人背书、案例背书这几个方面呈现有用信息，信息量越大，产品越容易获得用户的信任。

4. 促成下单

价格，在人们发生购买行为时发挥的作用远比我们想象中要大。

可以在带货文案里设置限时优惠，这会让用户有一种"过了这村没这店"的紧迫感，然后紧紧抓住优惠机会。价格锚点指的是一个参考值，比如很多产品会标注"原价 998 元"，然后用横线划掉这个数字，再写上"现价 798 元"。998 元就是价格锚点，顾客看到原来那么贵的产品现在优惠了 200 元，就会不由自主地想要"占便宜"。发放赠品和代金券利用了用户的逐利心理，当用户认为自己花同样的钱可以获得更多东西时，他们便容易发生购买行为。

将上述步骤串联起来，就能得到一篇完整的公众号带货文案。当然，不必生搬硬套，要根据具体的用户画像、产品卖点去灵活修改。作为创作者，不妨多站在消费者的角度，为他们的利益考虑，我相信，以这样的立场产出的带货文案，更能抓住人心。

1.6　公众号阅读量10w+的爆款文章写作

1. 爆款的意义

放眼市面上，几乎所有的内容创作者都在追求爆款，原因很简单：产出爆款是一次放大自我势能的机会。

如果你是账号运营者，那么产出爆款意味着你的账号曝光量将增加，有可能吸引一批新用户，与此同时，你的账号可能被更多的品牌方和商家注意到，带来可观的广告资源。

以往，我每产出一篇爆款文章（以下简称"爆文"），商单咨询量均可以涨 3~5 倍。也就是说，爆款放大的不只是阅读量，还有粉丝量和商业价值。

即便你是单纯的创作者，不指着广告和带货赚钱，爆款对你来说也同样重要。能写出爆文，意味着你的写作能力得到了市场的认可，自然而然，也会得到整个行业的认可。各平台的编辑会排着队向你约稿，稿费也会给得足够高。假如有一天你去面试内容运营类的岗位，这些爆文将是你最好的筹码和作品。

所以说，无论是对于个体，还是对于账号运营方来说，爆款都具有正向意义。

2. 公众号文章的传播规律

2015 年，我进入一家内容运营公司做实习编辑。上班第一天，我坐在座位上奋笔疾书，想着写出一篇惊世骇俗的文章，让整个公司为之颤抖。

写罢，我自信满满地将文章发给主编，随之闭上双眼，静候佳音。我以为等来的将是山呼海啸般的称赞，结果却是主编劈头盖脸的痛骂。批评我的话，他说了一大堆，但我只对其中一句话印象最为深刻——你们啊，下笔之前先想清楚你是在哪个平台上写文章，文章是怎么传播的，不要"自嗨"！

是的，要想在一个平台上产出爆文，必须对平台的内容传播规律有系统的认知。

虽说公众号常规推文的主要阅读量是由"公众号消息"贡献的，但是一篇文章要想成为爆款，它的主要流量一定来自传播，也就是用户将文章转发到朋友圈或微信群，形成二次传播、三次传播、N次传播……任何爆文，其流量大头必定是用户转发。

我们常说被"刷屏"，这里刷的就是朋友圈的屏。自己的文章被大范围转发，是每一位内容创作者都求之不得的事，因为这意味着自己被市场、被用户认可。那用户凭什么要转发你的文章呢？是因为你有才华，还是因为你品行端正，抑或是因为你颜值很高？

自然都不是。这里要给大家分享一个颠覆性的真理：99%的被广泛传播的文章，其传播性都不是文章本身的功劳，而是社会心理学的作用。

具体来说就是，使一篇文章被大范围传播的前提条件，不是它文采斐然、立意深刻，而是它击中了用户的某些心理（见图1-15）。促使用户发生转发行为的心理有很多，可能是恐惧感，可能是愤怒感，可能是优越感，也可能是正义感……换言之，用户传播的不是文章，而是自己的某种感受。

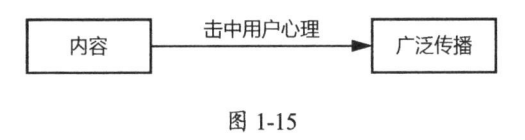

```
内容 ——击中用户心理——> 广泛传播
```

图 1-15

回忆一下这些年达到"刷屏级"的公众号文章，是不是基本上都带有某种强烈"群情"？群众在汹涌的情绪推动下，广而告之，最终促成了一篇爆文的诞生。

搞清楚公众号文章的传播规律后,我们便能大概知道什么类型的文章能够流通于社交平台。那么,如何产出这类文章呢?下面我们将详细介绍。

3. 公众号爆文写作拆解

介绍这部分内容之前,我先浅浅分享一下我个人的创业经历。

我的市场嗅觉一直不太好,两次创业都完美避开了风口。公众号于2012年诞生,在2015年腾飞,而我是在2019年才辞职做公众号创业的。知识付费的黄金时代是2015—2020年,而我是在2021年入局知识付费的。别人创业都是踩着风口起飞,可我偏偏头铁,总是逆风而行。

幸运的是,即便时机不太完美,我的两次创业也都拿到了还算不错的成绩。我把这一切归功于我对内容的坚持,我始终相信,好好做内容,时代就无法淘汰你。

我们要学习写爆文,内容永远是核心。

目前公众号文章的类型分很多种,常见的有观点文、情感文、资讯文、职场文、产品文等。其中,观点文的覆盖范围最广,我们讨论的公众号爆文写作,指的就是观点文,即呈现个人观点的文章。

1)确定选题,奠定流量基数

公众号文章选题根据其受关注的程度,可以分为3个等级,如图1-16所示。

- 一级选题:时事、热点、重大新闻事件。

- 二级选题：名人新闻、社会普遍现象、心灵鸡汤。
- 三级选题：专业知识、小说、私人化表达。

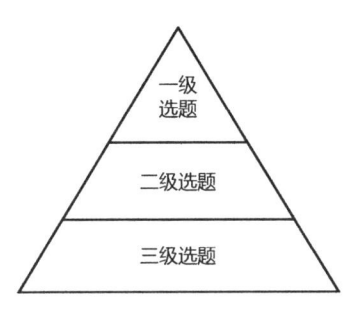

图 1-16

产出爆文，要优先选择一级选题，然后是二级选题，这两者的流量基数要大一些，传播范围更广。三级选题一般不作为爆文选题考虑，因为这些选题过于小众，受众群体有限。

2）罗列大纲，明确核心观点

很多时候，同行都在围绕同样的选题产出内容，可为什么有的文章数据好，有的文章数据一般？因为核心观点不一样。

文章的核心观点非常重要，它关系到文章是否传递出大部分人的心声，其基调是否符合良好的普世价值观要求。只有站在向善的价值导向上，提出大部分人的社会诉求，文章才能被更多人认可。

我在讲公众号文章传播规律时也说过，传播的背后是社会心理学，选择对的立场、对的观点，不歪不斜地击中用户心理，会事半功倍。

在构思爆文大纲时,我通常会把关键信息填到表里,平时编辑给我报选题时,也通过表格来反馈,如表1-1所示。

表1-1

选题	
用户转发点	
事件概述	
核心观点	
论证核心观点的素材+金句	

那么,这样罗列大纲的好处是什么呢?我们来试着实操一下。

疫情刚暴发时,我写了一篇关于"疫情之下许多中国父母拒绝戴口罩"的文章,该文章在公众号平台上的阅读量达到近2000万次,成为当年公众号领域的阅读量top10文章,算得上是现象级的爆文,也为我的公众号带来了15万名新的关注用户。

我当时是怎么构思这篇文章的呢?新冠疫情暴发之后,我走在大街上,发现很多老年人都不戴口罩,甚至拒绝戴口罩,子女们完全劝不动,网上也全是各种劝老年人注意防疫的报道。没办法,很多老年人没什么医学常识,宁愿相信一些反常识的信息,也不相信科学,于是分歧出现了——子女心急如焚,希望自己的父母戴上口罩保护好自己,而父母偏偏不信邪,觉得子女小题大作。

回到家之后,我就把观察到的这些现象整理成了表1-2。

表 1-2

选题	面对疫情,很多父母拒绝戴口罩
用户转发点	为父母的无知感到无奈,怒其不争;用于劝导父母,纠正父母的错误观点,保护好父母的身体
事件概述	新冠疫情肆虐,作为感染性极强的疾病,做好防护措施是必要的,可很多父母(老年人)因为缺乏科学的认知,觉得这只是普通感冒,所以拒绝戴口罩
核心观点	愚昧和无知,正在毁掉我们父母的健康
论证核心观点的素材+金句	素材一,经典文章《流感下的北京中年》讲述作者岳父面对流感不听劝、不防护、不治疗,因此经历了从流感到重症肺炎、从门诊到 ICU 抢救再到抢救无效死亡的全过程; 素材二,某老年人因为相信江湖郎中的偏方,导致自己的孙女因延误治疗而终身残疾,以及其他一些相似的新闻事件; 素材三,老年人免疫力低下,需要证实这一观点的科学数据; 素材四,正确引导老年人进行自我防护的案例

罗列完大纲,行文思路就清晰了,核心观点也明确了。接下来,你只需要把这些关键点用通顺的字句串联起来,就能形成一篇公众号文章。大家不必使用和我一样的表格,不过可以培养自己罗列大纲的习惯,它会帮助你更系统地思考和创作。

3)填充内容,反复支撑观点

形成上面这样的大纲后,只需要把相关的内容填充进对应的模块即可。

在填充内容时,各部分占据多少比例才合适呢?在撰写观点性文章时,我会把内容归纳成以下"三板斧",再根据重要性,给每板斧分配不同的比例。

- 第一板斧：解读事件。要把具体发生了什么事讲清楚，事情的来龙去脉如何。注意，应以官方通报为准。
- 第二板斧：表达观点。你对这件事的观点是什么，你觉得应该怎样做，是赞同还是反对等，这些应该交代清楚。
- 第三板斧：反复支撑观点。通过素材和数据，反复论证你的观点，说服用户。

曾经，网络上对于"应不应该在婚前同居"有非常高的讨论热度，我们不妨以这个选题为例来介绍填充内容的"三板斧"。

（1）解读事件：近期，"应不应该在婚前同居"这一话题在微博上引起热议。有人反对，觉得婚前不该同居，这样才能保持婚姻的新鲜感；有人赞同，觉得婚前应该同居，可以提前磨合。

（2）表达观点：我建议婚前同居，把它当作一次婚姻模拟实验。

（3）反复支撑观点：同居是情侣之间最近距离的接触，能清楚看到对方的缺点和真实模样，看自己能否接受；调查研究表明，同居后选择结婚的婚姻生活，矛盾更少；离婚率高居不下，提前同居体验婚姻，有助于做出更明智的决定，降低婚姻成本损耗。

通常在一篇文章里，前面两板斧占比并不多，大概只占到20%的篇幅，第三板斧则占到80%的篇幅，如图1-17所示。

这是为什么呢？因为表达观点很简单，但反复支撑观点较难。

由此可见，一篇文章，只有其中的素材和数据足够扎实、足够权威、足够全面、足够合情合理，才能坚定立场，打动用户，引发共鸣。从这个角度来看，一篇爆文不一定是立意多深刻的文章，但一定是能被绝大多数用户认可的文章。

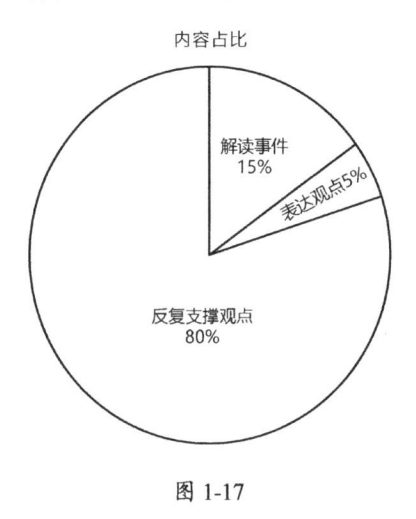

内容占比

- 解读事件 15%
- 表达观点 5%
- 反复支撑观点 80%

图 1-17

4）用好素材，是爆文的关键

组织内容的核心无疑是第三板斧。那如何把第三板斧呈现好，更"强硬"地支撑观点、打动用户呢？

第三板斧的核心是用素材和数据去论证和支撑自己的观点，所以素材和数据就尤为重要。我目前写了近百篇阅读量达到 10 万次以上的爆文，复盘这些阅读量较高的文章，我发现它们中的素材内容或组织形式均有几个关键特点。

（1）采用讲故事的方式

故事是最易读，也是传播性最广的内容形式。大家可以想想，电影、电视剧、小说，以及绝大多数的短视频，是不是几乎都以故事的形式表达？我们写的虽是观点性文章，但在素材应用上，也应尽可能采用叙事的形式，而非论述。如果整篇文章都在论述，那和看文献就没有区别了,读者读起来会十分吃力。

（2）信息密度大

平时我们在生活中发表观点时,都需要具体事例或数据的支撑。比如你和同事聊八卦,说公司计划给全员涨薪,你总要有具体事件、人物和数据去支撑,不能乱说。比如,是谁说的,他在哪里说的,涨薪幅度是多少……越具体越好,不然同事肯定觉得你在吹牛。

文章对事例和数据的要求较高,一般不能低于3个事例,有爆款潜质的文章要求更高,通常事例数量为3个大事例加4个小事例,与此同时,要提供官方数据、参考文献、权威报道等,把信息密度提上去。

人们更愿意相信那些信息密度大的文章。你可以测试一下,就某个问题去说服身边的朋友,先用简单几句话和几个一笔带过的事例去测试,再换一种信息密度更大的方法,旁征博引,以新闻事例、第三方数据、科学论证等做支撑,看看哪种效果更显著。我敢打保票是后者。

（3）避免产生距离感

人们通常只关注容易危害到自己的事,或者距离自己更近的事。所以我们在素材选择方面要尽可能地贴近大众、关注民生。

举个例子,假如张三详细解读并分析外国的医疗政策利好,我们大概率是不关心的,可如果张三和我们分享的是在国内医院看病后如何进行医保二次报销,我想大部分人会选择逐字逐句地看完文章。

我们在寻找文章素材的时候一定要避免没有落脚点的宏大叙事

素材，而应该努力拉近我们和用户之间的距离，关心用户所关心的。

（4）多用金句

金句之所以能广为流传，是因为它以最精练的字句道出了人们的心声或时代的缩影。"哪有什么岁月静好，不过是有人替我们负重前行"，这句话相信很多人都很熟悉，这就是典型的被应用到公众号文章中并出圈的金句。恰到好处的金句可以让文章的品位和格局提升好几个档次。

当然，公众号文章中不需要太多金句，全篇 3~5 句就足够了。在恰到好处的地方点缀升华，能让文章更有血有肉。

最后我们稍微总结一下冲击爆款的方法——无非就是抓准选题，找到犀利的切入点，罗列大纲，夯实素材。这么拆分之后，可以用巧劲儿的地方就很多了，比如选择大流量的选题，选择讨论度高的切入点，在素材中多多使用事例和数据等。

这里建议大家把文章作为一款产品去思考。文章就是你打磨出来的产品，你通过写作技巧让你的表达被市场认可，进而让更多人知道你的文章、知道你。

很多人学习写作技巧是为了提高效率，更精准地冲击爆款，这自然是好事，但我更希望大家不要把它当作最终目的，而是把它当作你实现目的的手段。当你有了爆文、流量、粉丝之后，你要尽量产出好内容去引导他人向上。敬畏事实，保持善良，明辨是非，对恶者凌厉，对弱者悲悯，时刻保持一颗向上的心。

做到这一点，比盲目追逐数据更有意义。我也相信，如果你能怀有这样的心，数据和收益迟早都会有的。

1.7 公众号变现的5大模式

当我们熟悉了公众号文章的写作技巧后，就可以考虑变现了。毕竟，检验一项技能掌握程度的最好方式，就是看它能否直接产生经济收益。

公众号在写作变现方面的设计非常丰富，适合各种场景下的变现模式都有。

1. 流量主

流量主是公众号官方针对内容创作者开发的一项阅读激励机制，只要开通流量主，文章就有曝光量，广告就有人点击，相应地就能产生收益。

开通公众号流量主的基础条件不高，首先要确保账号的关注用户达到 500 人以上，且账号符合微信平台的运营规范，没有违规记录。进入公众平台主页，依次点击"广告与服务"—"流量主"—"申请开通"，再绑定收款银行卡，就算是开通成功了，如图 1-18 所示。

流量主的广告位有两种，一种是文章中间的广告位，一种是文章底部的广告位。

文章中间的广告位曝光效果更好，触发点击的概率更高，收益通常更高；文章底部的广告位收益要稍微低一些。不同广告位对阅读量的影响也不一样，在文章底部插入广告，对用户阅读文章的体验没有什么实际影响,而在文章中间插入广告,可能会在一定程度上影响用户的阅读体验。但是没办法,想要获得更高的收益,对应地就要牺牲一些阅读体验。

图 1-18

2. 直投广告

随着一个公众号粉丝量的上升,文章的阅读量也会逐渐上升并趋于稳定,这时就会有品牌方和媒体主动找上门,进行广告投放。

直投广告通常有两种:一种是效果类广告,要求有销售转化;另一种是品宣类广告,只要求进行品牌曝光。

效果类广告的门槛比较低,文章平均阅读量能达到 500 次左右就能接到效果类广告,效果类广告的报价是 0.3~1 元/单次阅读,比如一个平均阅读量为 500 次左右的公众号,其单条广告的报价大概为 150~500 元。而品宣类广告的门槛比较高,通常只有腰部账号和头部账号，即平均阅读量达到 20000 次以上的账号能接到品宣类广告。品宣类广告的单价也更高，通常单次阅读的报价在 1 元以上。

为什么人人都想成为头部账号？因为影响力大，收益高。

3. 阅读计费广告

直投广告如果投放不成熟，就很容易在投入产出比上翻车。比如，一个公众号发布常规文章能获得 5000 次左右的阅读量，你花了 5000 元去投这个账号，结果投广告的文章只有 1000 次的阅读量，那你会觉得很亏，毕竟单次阅读成本太高了。

很多品牌方和商家都有过类似的经历，于是他们开始多样化自己的投放策略。阅读计费广告就是另一种思路。

阅读计费，即按阅读量来计算广告价格。现在提供阅读计费广告的平台有很多，平台会把广告的文案、标题、阅读单价都一一罗列出来，公众号号主可以根据自己的需求去选择，先发布，后结算。文章发布之后，多少天内达到多少阅读量，就结算多少钱。

常见的阅读计费广告平台有以下几个：新榜、神赞、迅蟒、微友、蜜蜂派单。

4. 商业供稿

前面提过，公众号是一个放大器，如果你的文章通过公众号传播被更多人看到，那么有撰稿需求的平台或商家便会主动向你约稿。

自然，这样的事不经常有，如果你写了足够多的文章，熟悉各类稿件的写作方法，那你可以主动给正在征稿的公众号投稿，或者到豆瓣等平台上搜索关键词，链接到更多需要稿件的商家，给他们供稿，赚取稿费。

5. 带货

前面讲过带货文案的写作，当你知道如何产出带货文案，同时拥有自己的产品，或能找到供应商时，不妨直接在公众号上带货。

如果你觉得直接作为商家去卖货，要处理客服和售后等问题很麻烦，那你可以在"流量主"里选择"返佣商品"，直接绑定各大电商平台，上架产品带货，如图 1-19 所示。

图 1-19

虽然公众号的变现路径很丰富，但用心观察就会发现，它们大部分是基于内容创作的，也就是说，要想在公众号平台赚到钱，写作技能是不可或缺的。内容平台，自然是靠内容取胜的。

第 2 章

商业变现万花筒——小红书

2.1 小红书隐秘的商业属性

作为一个不太精致的中年男人,我接触小红书主要是受到了身边人的影响。

我让 HR 帮忙物色团建地点时,她从小红书上给我找来了一大堆周边游攻略;同事在微信群里讨论公司聚餐吃什么时,发到群里的链接全都是小红书上的探店合集;很多年轻的日用品牌,在找我投放公众号广告之余,都问我有没有小红书账号,想进行同步分发;身边的朋友聊化妆品、聊穿搭、聊精致生活,三句不离小红书。

刚好 2021 年公司进行业务转型,我开始入局小红书。越深入了解,我越被它巧妙的商业模式所震撼。小红书的 slogan 是"你的生活指南",这句话清晰地概括了平台的定位——一个提供经验和解决方案的内容社区。

用户在使用小红书时,不外乎三种场景:

第一种,用户在生活中得到什么经验,或者用到什么好的产品,在小红书上进行分享。这时,小红书相当于一个经验共享社区,用户的相关分享构成了平台的主要内容。

第二种,用户在生活中有什么需求或者遇到了什么难题,会打开小红书搜索关键信息,通过浏览不同人的经验来寻求解决方案。这时,小红书相当于一个提供解决方案的平台。

第三种,用户的目的性没那么强,单纯把小红书当作消遣的工具,随便刷一刷,看看别人的经验分享或种草笔记[1]。

正是这种"经验—解决方案"共享的内容模式,构成了小红书独特的商业属性。

第一种使用场景,奠定了小红书的内容方向。

以往,我们的消费决策通常是由权威媒体和专家,或者有号召力的明星所主导的,他们说哪个好,我们就逮着哪个买。

现在的情况已然不同,在自媒体时代,信息愈发透明,消费的参考朝着"用户种草"和"他人口碑"倾斜。很多时候,所谓的权威专家和明星,与消费者的利益并不在同一条水平线上,他们对品牌的背书可能是因为商业合作,而素人[2]的种草推荐更多是出于对产品的真实体验——对好的产品一顿夸,让大家都来用;对不好的产品一顿骂,让大家都避雷。

小红书在用户和用户、个体和个体之间,搭建起了桥梁,实现了经验共享。现代营销之父菲利普·科特勒教授说,营销已经进入H2H(Human To Human)时代,差不多就是这个意思。

第二种使用场景,决定了用户来到小红书是有目的的。

举个例子,如前面所说,我是一个不太精致的中年男人,假如有一天我心血来潮,想改变自己粗犷的形象,那我可能就会到小红书上搜索"男士穿搭""中年男人改造"等关键词,看看其他用户的相关经验,看看他们是怎么让自己变帅的。显然,我是带着明确目的来的。

---

1 种草,网络流行语,指专门给别人推荐好物,以激发他人购买欲望的行为。笔记,小红书平台用语,指发布的帖子。
2 素人,网络用语,指相对于明星、网红而言的普通人。

当用户带着明确目的来到小红书时，对于品牌方而言，该用户就是精准的潜在用户，发生购买行为的可能性很高。

随着第一种、第二种场景的不断深化，小红书已成为一个辅助性决策平台。既然是辅助性决策平台，那么小红书对于用户在哪里买、怎么买、买什么，自然有着微妙且隐秘的引导作用。

正是这种引导作用，培育了平台的高商业价值。为什么品牌方都喜欢到小红书上做推广，因为它有着适合的内容土壤（种草平台），以及带着明确目的和需求的用户（足够精准），无论是在这里进行口碑传播，还是完成产品销售，都有着较高的投入产出比。

从市场作用上看，小红书也充当了一个很正向的角色。品牌方只有把自己的产品做好，在用户之间获得好的评价，才会被种草、被安利[1]，进而获得更大的市场。相反，如果产品做得很差劲，那么品牌方只会出现在小红书的避雷名单上，被公开处刑。

用小红书官方的原话来说，种草是"通过口碑传递产品价值"。

根据2023年12月举办的小红书WILL商业大会的统计数据，每个月有1.2亿人会在小红书站内直接发问："在哪儿买？多少钱？求链接。"这意味着每个月有上亿名潜在用户在小红书上"嗷嗷待哺"。保守预估，如果这上亿名用户所需要的产品均价是10元，那么这背后就是一个十亿元级别的巨大市场，而实际上，小红书的人均消费远高于10元，其背后的商业价值之高可想而知。

在布局账号矩阵时，我通常会先调研平台上不同体量博主的变现能力，而小红书上的博主，无论是粉丝量大的，还是粉丝量小的，都有着较为稳定的收益。显然，这和平台的商业属性有关。

---

[1] 安利，网络流行语，意思是强烈推荐、诚心分享。

因其具有变现路径丰富、门槛低、上限高等特性，小红书对于自媒体创作者来说绝对是一个很友好的平台。

2.2 小红书的流量分发机制

在第 1 章中，我们介绍了公众号的流量逻辑，说它是一个偏私域的内容平台。小红书则相反，其流量分发机制更偏向于公域算法。

想要了解小红书的流量构成，可以打开小红书 App，依次选择"我"—"创作者中心"—"数据中心"—"账号概览"—"观众来源分析"，查询账号的流量来源，如图 2-1 所示。

图 2-1

可以看到，小红书的流量来源主要分为 5 部分："首页推荐""搜索""个人主页""关注页面""其他来源"。这 5 部分各自占比不同，对内容的加持效果也不同。

1. 首页推荐

什么是"首页推荐"呢？如图 2-2 所示，我们打开小红书 App，会看到页面的最上方有 3 个大的分类，分别是关注、发现、用户所在地（此处为广州）。"发现"里的内容，就属于"首页推荐"。

图 2-2

"首页推荐"其实就是平台算法向用户推荐的内容。

博主发布笔记时，平台会提供基础曝光量。如果笔记各方面的数据表现足够好，则说明该笔记内容相对优质，此时平台会进一步推荐，和网络热血小说里的男主角的成长路径很像——一个关卡一个关卡地闯，逐渐积蓄自己的力量，即遵循所谓的梯度式递进原则，根据用户反馈来决定内容能否进入下一级流量池。用户反馈越好，进入的流量池越大。

这是非常人性化的推荐机制，通过这种机制筛选出来的内容，一定是用户喜欢的或讨论度高的内容。为什么都说算法最懂用户？因为算法来源于用户本身。

通常情况下，在一篇笔记或一个账号的流量构成中，"首页推荐"

的占比是最高的。

很多小红书博主怀疑自己的账号被限流，其实可以看看自己的"观众来源分析"，无论在哪个公域平台，只有"首页推荐"流量占比最高，才说明账号的流量构成是正常的。

2. 搜索

小红书的定位是"生活指南"，每个月都有上亿名用户在小红书的搜索框中寻找问题的答案，所以"搜索"的流量规模往往仅次于"首页推荐"。打开小红书 App，点击右上角的"放大镜"图标，输入关键词，就会弹出相关的搜索内容，如图 2-3 所示。

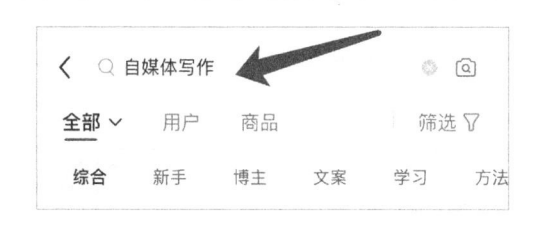

图 2-3

如果一篇笔记的"搜索"流量占比较高，则说明这篇笔记不仅干货满满、关键词关联度高，还在提供解决方案上得到了比较多用户的认可。

3. 个人主页

我们进入某账号主页（即个人主页）进行查看所产生的流量，即"个人主页"流量。

显然，出现该行为的场景不像"首页推荐"或"搜索"那么常见。用户只有在看到一篇笔记觉得内容不错并对博主本人产生好奇时,才会点进账号主页。因此,"个人主页"流量占比通常不会很高。

4. 关注页面

如图 2-4 所示,在小红书 App 首页顶部,位于左边的选项是"关注",用户关注某位博主后,其发布的笔记会出现在用户的关注页面中,是不是和公众号的订阅机制有点儿像?

没错,小红书的"关注页面"流量可以归为私域流量。

图 2-4

一个账号的关注用户数越多,它的"关注页面"流量占比就越大。比如,对于小红书上那些百万粉丝量的博主,即便是刚发的笔记,也能有相当可观的曝光量。

当然,即使"关注页面"的流量占比再高,也不会超过"首页推荐"的流量占比,这是公域平台的共同特点。

5. 其他来源

"其他来源"所包含的流量比较复杂,比如用户把笔记分享到其他平台所产生的流量,再比如用户投了薯条或聚光等平台的广告所产生的流量。"其他来源"流量占比不高,一般属于非常规流量。这部分内容将不作为本书的介绍重点,各位读者简单了解即可。

弄明白小红书的流量来源之后,接下来就可以逐一分析,有针对性地提高各个渠道的流量,如图 2-5 所示。

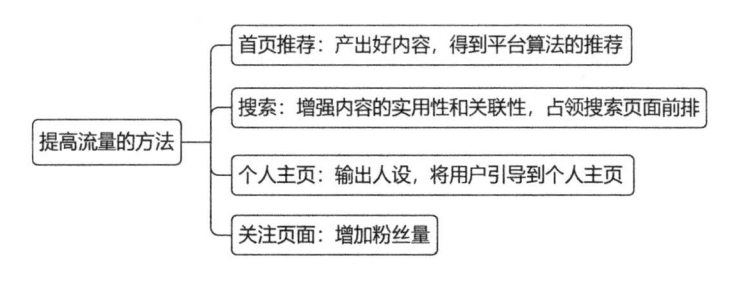

```
                    ┌─ 首页推荐:产出好内容,得到平台算法的推荐
                    │
                    ├─ 搜索:增强内容的实用性和关联性,占领搜索页面前排
提高流量的方法 ─────┤
                    ├─ 个人主页:输出人设,将用户引导到个人主页
                    │
                    └─ 关注页面:增加粉丝量
```

图 2-5

1)提高"首页推荐"流量

作为获取流量的主要方式,获得平台首页推荐的前提就是产出好内容。什么是好内容呢?对此,平台没有成文的标准,而是通过用户反馈来评定。为什么要根据用户反馈来评定呢?原因很简单。平台是服务于用户的,用所谓的标准判定的好内容未必是用户需要的。内容好不好,主要体现在具体的数据上——点赞数、收藏数、评论数、转发数、完播率、转粉率等。

为什么要看这几项数据呢?大家可以想象这样的场景:你是一个用户,刷到一篇笔记,不禁感慨"哎呀妈呀,太有共鸣了",于是点赞;又刷到一篇笔记,觉得"哇,好实用",于是决定收藏起来之后再看。数据就是这么产生的。数据反映的是用户与内容之间的互动。平台有专门监测这些数据的算法,当发现一篇笔记的互动数据不错时，便会判定该笔记符合用户的需求，并进一步给其更多的流量扶持。

想要提高"首页推荐"流量，就要提高点赞数、收藏数、评论数、转发数等，具体方法我们会在后面详细介绍。

2）提高"搜索"流量

"搜索"是小红书用户常用的功能，使用该功能时，用户会有明确的搜索指令，比如输入某个关键词。平台会根据用户指令推荐兼顾实用性和关联性的笔记。

笔记如何才能出现在"搜索"页面的靠前位置，也就是我们常说的"占领前排"呢？首先，内容要足够垂直、足够实用，能获得一部分用户的认可；其次，创作者要懂得在笔记的标题、封面、正文中运用用户经常搜索的热门关键词。

3）提高"个人主页"流量

用户从一篇笔记直接进入博主的个人主页，是需要手动操作的，因此，势必有一些原因触发用户做出了查看主页的行为。

根据用户习惯，我将小红书的用户分为三个层级。第一层级用户，因为认可内容而点赞、收藏笔记，不会关注博主，也不会对博主有印象；第二层级用户，认可博主发的很多有用且垂直的内容，进而关注博主，本质上是冲着博主的笔记来的；第三层级用户，黏性最高、质量最高，他们既认可博主的内容，又认可博主的个人魅力。

想要触发用户进入博主的个人主页，应尽量吸引第二层级用户和第三层级用户，做法是：首先，将内容聚焦在一个垂直领域，且保证内容的质量；其次，在输出内容的同时输出个人魅力。

4）提高"关注页面"流量

毫无疑问，关注用户数越多，"关注页面"流量占比越高。因此，要想提高这部分流量，就会涉及小红书的涨粉问题。无论什么平台，涨粉离不开爆款，我们会在后面的章节中重点介绍。

不难看出，无论什么平台，其流量都是多样化的。丰富的流量来源让内容创作者可以发挥自己的优势，找到自己的流量阵地。张三擅长抓住各种社会热点输出内容，那么他就可以专注于提高"首页推荐"流量。李四擅长输出干货类内容，那么他就应该在提高"搜索"流量上多下功夫。

同时我们也发现，尽管流量来源多种多样，但一个账号是否能得到青睐，最终还是取决于内容。内容为王，这句话不是说说而已。

2.3 小红书账号的基础搭建

账号搭建是基于账号定位进行的，正式搭建账号之前，要清晰地知道账号的定位。

1. 账号定位

什么是账号定位？通俗来说就是，这个账号是干什么的，包括博主信息、发布内容、传递价值、变现模式等。在确定账号定位时，可以根据图 2-6 进行拆解。

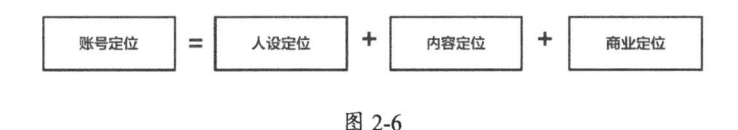

账号定位 = 人设定位 + 内容定位 + 商业定位

图 2-6

1）人设定位

自媒体人设，是指对外输出的网络形象。

为什么人们在做自媒体账号时总要谈论人设，没有人设不行吗？其实是可以的。但是，一个自媒体账号如果不显现背后的"人"，就很容易沦为一个无情的信息发布机器，没有优点、缺点，没有情绪起伏，没有个人经历……这样的账号很难被用户喜欢。

人设的作用就是，让用户感受到博主是怎么样的一个"人"。

2）内容定位

账号的内容定位体现了其在未来将会输出哪方面的内容。

进行内容定位时，通常要兼顾3个方面：垂直领域、个人风格、呈现形式。首先，内容要垂直，是美妆、数码，还是汽车、装修，最好固定在某个领域内，这样更容易吸引精准用户。如果哪个领域都沾一点，那么平台很难将内容推送给合适的人群。其次，内容要有个人风格，目前的自媒体内容同质化严重，如果没有自己的特色，就会很难突围。最后，要想想怎么呈现内容，是图文，还是视频，图文怎么呈现，视频又怎么呈现。

3）商业定位

变现是绝大多数自媒体创作者的最终目的。

在进行账号定位时，要考虑好未来通过什么方式盈利，商业定位看两点——目标用户和变现路径。未来哪些用户会为你买单，要想清楚；他们怎么为你买单，也要想清楚。

2. 账号搭建

以上定位确定好之后，就可以开始搭建小红书账号了。小红书账号的搭建主要体现在主页上，先用手机号完成注册，然后根据账号定位去完善昵称、头像、简介及背景图等信息，如图2-7所示。

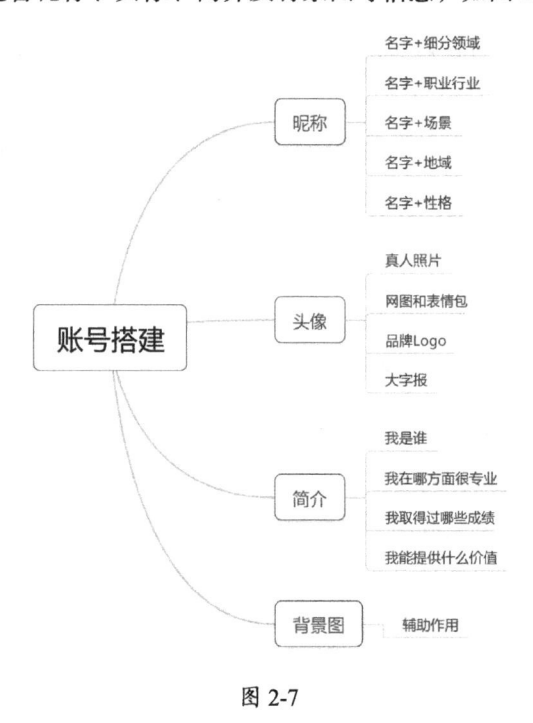

账号搭建
- 昵称
  - 名字+细分领域
  - 名字+职业行业
  - 名字+场景
  - 名字+地域
  - 名字+性格
- 头像
  - 真人照片
  - 网图和表情包
  - 品牌Logo
  - 大字报
- 简介
  - 我是谁
  - 我在哪方面很专业
  - 我取得过哪些成绩
  - 我能提供什么价值
- 背景图
  - 辅助作用

图 2-7

1）昵称

账号昵称的命名方法有很多种，这里罗列一些常见的方法：名字+细分领域（张三爱护肤、李四说车）；名字+职业行业（张三律师、李四的自媒体大实话）；名字+场景（张三饿了、李四的衣橱）；名字

+地域（张三在加拿大、李四环游美国）；名字+性格（爱笑的张三、李四很自律）。

合适的昵称是能够传递有效信息的，可以简要地告诉用户博主的名字、身份、特长、所在地、兴趣爱好等。

2）头像

根据账号定位的不同，可以选择不同风格的头像。如果博主是律师、医生、营养师、保险顾问等专业人士，那么建议使用真人照片当头像；如果账号定位比较轻松诙谐，则用网图和表情包当头像会更加传神；如果是企业账号，或者干货知识分享类账号，则可以用品牌 Logo 和大字报当头像。

头像能对笔记内容和账号人设的呈现起到辅助作用。

3）简介

作为除笔记之外信息密度最高的主页内容，简介发挥的作用很大。用户看到不错的笔记，通常会点进博主的个人主页，此刻，简介起到告知作用——我是谁、我在哪方面很专业、我取得过哪些成绩、我能提供什么价值。举个例子：我是张三，有 5 年的自媒体写作经验，曾经出过书，为 2000 名以上学员提供过培训，我可以给你提供文案写作方面的相关知识。

简介能起到一个筛选和留存用户的作用。你的目标用户会通过简介了解你，对你提供的价值感兴趣，进而关注你。如果不是你的目标用户，那么到简介这里，他就会流失掉。

4）背景图

背景图对于一部分账号来说没有实际作用，或者说作用不明显，比如搞笑类账号。但对于某些需要专业背书的账号而言，背景图很重要。比如你是一位培训讲师，如果你将账号背景图设置为你进行万人演讲的现场照片，那么你的内容可信度将大大提升；再比如，你运营的是一个专门卖某种产品的账号，那么你可以将账号背景图设置为工厂实拍图或产品研发实拍图，这样做效果更好。

如果不需要背景图辅助，那么使用简单的图片即可；如果背景图能对账号及内容的传播起到辅助作用，那么应尽量使用能够彰显专业性、权威性的照片。

昵称、头像、简介、背景图都设置好以后，一个账号就算搭建完成了。补充一下，如果是企业账号，那么请注意以下几点。

（1）昵称：使用企业名称或公司名称。

（2）头像：建议使用品牌Logo。

（3）简介：直白一些，简要说明行业、主营类目、品牌和产品特点等（我是谁，我能提供什么价值、服务、产品）。

（4）背景图：和企业相关的照片，公司前台、办公室实拍图等。

企业账号不同于个人账号，其基础信息应更正式、更商业化。整体而言，企业账号更"像"一家公司。

2.4 如何"薅"小红书官方流量

小红书账号搭建完成后，就可以随时发布内容了。

发布内容前，尽量别错过平台给的免费流量。人是希望得到反馈的,希望自己发的朋友圈有人点赞,希望自己写的文章获得好评。同样地,刚开始做小红书账号时,大部分博主都希望自己的内容有反响,而不是像石沉大海般无声无息。考虑到这一点,本书将获取免费流量(即"薅"官方流量)作为单独一节来讲解。

为了激励博主多多创作,小红书平台提供了很多流量券。流量券是什么呢?它相当于一个用来推广笔记的工具,比如你拿到"100流量券",那么你就可以在发布笔记时用该流量券进行助推,以保证100个用户能看到你的笔记。

当然,这些流量券不是自注册起就有的,而是需要通过相关操作去获取的。

1. 订阅官方服务号获得流量券

如图 2-8 所示,用户订阅小红书官方服务号,会获得相应的流量券奖励,比如订阅"作者助手""视频号助手"等服务号。此外,关注垂直领域的官方账号,比如关注宠物领域账号"宠物薯",并且在发布笔记时@对方,也可以获得流量券奖励,还有机会被平台"翻牌"。

图 2-8

操作时,直接搜索官方账号名称并关注即可。官方账号会定期组织活动，希望被更多用户看见并关注。

2. 新人专享流量券

顾名思义，这是只针对新用户的福利，类似于我们刚到某个公司会享受新人期照顾一样。新用户想要领到这份福利，做法非常简单，只要在注册新账号之后的 7 天内连续发布两篇以上笔记即可，完成后可获得"200 流量券"，如图 2-9 所示。

图 2-9

新人专享流量可以理解为小红书平台对新用户进行内容创作的鼓励。当然，我们没必要为了拿到"200 流量券"而草率地发笔记，今天发一张 45 度仰望天空的自拍，明天发一张自己悲伤的照片……既然决定要做内容，就要确保所发笔记的质量。

3. 创作者专享笔记推广券

小红书官方为博主提供了"创作灵感"模块，里面提供了许多热门灵感话题，覆盖面包括自拍、风景、美食等。使用官方提供的创作灵感来发布笔记会获得一定的流量奖励，即创作者专享笔记推广券，持续发布效果更佳，如图 2-10 所示。

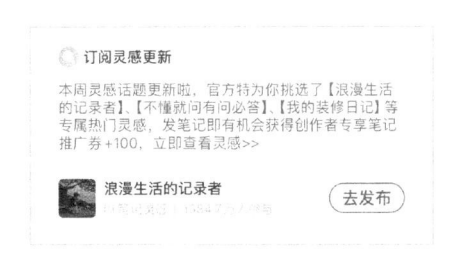

图 2-10

发布灵感笔记的方法很简单,打开小红书"创作中心"即可查看官方推荐的创作灵感,每个灵感模板下都会显示共计多少人使用该灵感发布了笔记。选择自己喜欢的灵感模板,点击右下角的"去使用"即可参与,如图 2-11 所示。

图 2-11

4. 分享流量

用户是资产,各大自媒体平台都希望新用户能持续进入,小红书也不例外。

小红书支持创作者将笔记分享到其他平台进行引流。发布笔记后，页面右上角会有提示"分享笔记获得流量"，点击分享，把笔记分享到微信聊天对话框、朋友圈、QQ空间、微博等，就可以获得额外曝光奖励，如图2-12所示。

图 2-12

5. 生日祝福流量券

很多餐厅为了提升服务品质，会针对生日当天前来消费的顾客赠送小蛋糕、长寿面等菜品，或提供较大的消费折扣。小红书的生日祝福流量券有些类似。在注册小红书账号时，用户需要填写出生日期，在用户生日当天，平台会赠送生日祝福流量券。

虽然这些流量券大多是100~200面值的，但不要因此而看轻它。对于新人创作者来说，有了这些初始流量，就能避免零曝光启动，而且能在较短时间内得到反馈，创作体验非常好。

总体来看，小红书是一个非常友好的平台，提供了各式各样的流量奖励，鼓励更多人加入内容创作行列，丰富平台的内容生态。

2.5 小红书内容规划的4个维度

分享我个人的一次经历：大多数小男孩都有一个武术梦，我小时候也一样。因为天天被我姐揍，所以我内心萌生了一个念头——离家出走，去少林寺学武术，等学成归来，定要一雪前耻。于是，在某个和我姐吵架的清晨，我把这个念头落地成了行动。不过很遗憾，我才走了500米，就因为又渴又累而无功折返了。

说起这段往事，是想告诉大家：做事，可能只是源于一个念头，但在实际落地时要考虑的因素非常多，不能拍脑袋决定，要进行细致的规划，运营小红书账号亦如此。

大部分新人博主运营账号的经历是这样的：刷小红书看到一些博主，光鲜亮丽、收入可观，于是心血来潮决定要做小红书，立马"哐哐"发了几篇笔记；然后陷入困境，之后的内容发什么？要投入多少时间和成本？数据不好要怎么改进？通过什么方式变现？这些问题越想越头疼，索性不想了，账号运营的事也不了了之。

运营账号是需要规划的，小红书不同于主打图文呈现的公众号，它涉及的元素更多。在做小红书账号规划的时候，通常需要考虑4个维度，如图2-13所示。

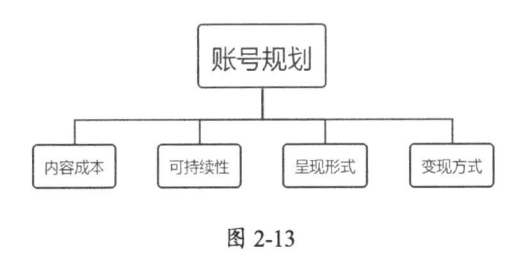

图 2-13

1. 内容成本

我们都知道，拍摄电影时通常需要引入资方，因为影片制作需要成本。虽然自媒体创作比不上电影制作，不过要想做得足够精良，成本也可以很高。我曾遇到一个拍摄短视频的团队，二十多个人，一个视频的制作成本高达 6 位数，简直惊掉我的下巴！自媒体创作的成本是没有上限的，高端的设备、复杂的场景、精美的服装道具、专业的演员等，这些都需要极高的经费；自媒体创作的成本也是没有下限的，一部手机足矣，甚至不需要人物出镜。

我们在规划小红书账号的时候，内容成本是绕不开的一环。每个人都应根据自己的实际情况去考虑，一篇笔记需要投入多少时间成本、金钱成本。

一般来说，图文笔记的成本低于视频笔记的成本；口播视频笔记的成本低于多人物出镜视频笔记的成本；室内单一场景视频笔记的成本低于室外多场景切换视频笔记的成本。

对于刚开始运营小红书账号的新人，我通常建议：从低成本入手，先发布简单的图文笔记，等熟悉内容和算法之后再慢慢过渡到视频笔记；或者，先从简单的口播视频开始做，再慢慢过渡到复杂的多画面视频。

2. 可持续性

大部分新人博主无法将一个账号做起来的原因是，做着做着就没有内容可更新了，即没有可持续性内容。

我接触过不少想要做旅游博主的人，起初他们不惜请半个月年假，坐飞机飞到几千公里之外的大西北拍摄视频，视频效果确实好，发出来数据也还行，可发完这批视频之后，年假结束了，钱也花完了，后面的内容更新跟不上，只能无奈断更。

什么是可持续性内容？可持续性内容，从选题到取材，再到成品，都是能够持续获得的。且不说源源不断，至少在三五年内不会断更。在任何平台上运营账号，都要注意搭建可持续性内容生产体系，要践行长期主义理念。

怎么判断某类内容是不是可持续性内容呢？很简单！首先，选题构思不应该是吃力的，比如你在网上搜索一番，大概就能罗列十个八个选题；其次，内容生产不应该是吃力的，比如你应该能在 1~3 天完成一篇笔记内容的创作；最后，成本不应该过高，如果为了发布内容搞得自己连基本生活都难以维持，那谈何持续？

3. 呈现形式

内容呈现形式多种多样，可以是文字、图片、音频、视频等。

小红书笔记常见的呈现形式是图文和视频。图文有很多分类，比如纯文字图文、网图图文、局部特写图文、露脸图文等。视频也有很多分类，比如旁白视频、口播视频、剧情视频、访谈视频等。作为内容创作者，要思考在满足内容成本和可持续性要求下，应选择什么样的呈现形式来更好地表达选题。

呈现形式将直接影响一个账号的质感。我遇到过一个很有意思的品牌方，他们是做高端定制旗袍的，找我做广告投放时特意在 Brief（创意）上表明"乙方提供的账号质感必须良好，画质清晰，构图美观，必须用相机拍摄"，他们觉得只有这样的高要求才能符合他们的产品属性和品牌调性。

毫无疑问，高品质的内容呈现形式会带来更好的质感，也会更加受到用户和品牌方的喜欢。

4. 变现方式

前不久有朋友请教我，说她的小红书账号已经有上万名粉丝，可她却一分钱也没赚到，不知道是什么原因。我要来她的主页链接，点进去一看：好家伙，内容全是搬运过来的。

举这个例子是想告诉大家：不是所有的账号都有商业价值，也不是所有的流量都能变现。像我朋友这种靠搬运他人素材做起来的账号，其商业价值是极低的，想变现非常困难。我们在规划账号时一定要设想好之后如何变现，避免做无用功。

如果你对账号的规划是通过接广告变现，那么你就要先想清楚品牌方为什么要在千千万万的账号中选择你；如果你对账号的规划是做知识付费，那么你要想清楚用户凭什么相信你并为你付费；如果你对账号的规划是带货赚钱，那么你要考虑清楚如何让用户相信你的产品质量。不同的变现方式，对应着不同的考量。

很多人以为做小红书账号完全取决于心情和兴趣，这是不对的，它的落地远比我们想象中复杂，不仅要顾及内容创作者的能力，还要考虑账号的商业价值。

2.6　小红书带货笔记和引流笔记写作

1. 小红书带货笔记

前不久，我刷到一篇小红书笔记，内容是一个女生的自拍照，照片中的她头上戴着发夹。总共 3 张照片，没有任何文字描述，但是笔记中发夹商品的销量超过 1 万，数据非常亮眼。

不过我通常不会让新人博主去对标这类个案，因为它不具有普遍性。首先，这个女孩很可爱、很好看，不是人人都有这样的外表；其次，发夹和她妆容的搭配相得益彰，其他人很难复制；最后，这样的笔记似乎很难保证效果，下次推荐别的产品也能用 3 张图就把销量带到 1 万多吗？我觉得这很难说。

能供他人借鉴的方法，肯定不能是偶然性的。我们还是要回归到稳定产出带货笔记上。

小红书笔记普遍比较短小精悍，不需要过于复杂的文本结构，用广告营销界很常用的"AIDA 模型"就能满足需求——Attention（注意）、Interest（兴趣）、Desire（欲望）和 Action（行动），如图 2-14 所示。在撰写小红书带货笔记时，要明确每个关键词的作用，引导精准用户下单。

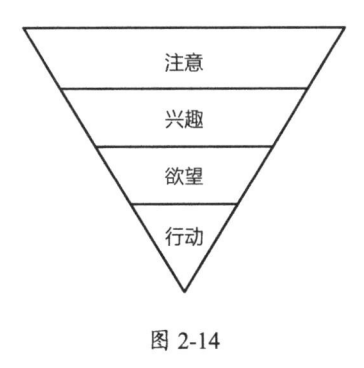

图 2-14

1）吸引注意

吸引潜在用户的注意是做账号的开始。想要吸引用户注意，必定要刺激对方的某种情绪,可以是痛点、痒点、共鸣点、好奇点、利益点等。把这些刺激点放到小红书笔记的标题和封面上,将有助于吸引用户。

2)产生兴趣

把用户吸引进来之后,想要留住对方,必须让他产生兴趣。因此,你需要展示你能给用户带来什么——解决问题的产品或服务,其他利好于用户的价值等。

3)激发欲望

用户产生兴趣后,再往下引导,进一步阐述产品或服务有什么独特卖点——有哪些第三方证言和权威机构的背书,有哪些成功案例,获得了哪些好评……要把用户内心的购买欲望激发出来。

4)引导行动

当用户的购买欲望正盛时,你可以通过限时优惠、设置价格锚点、赠送礼品、退货保障等推动用户购买产品,把心动变成行动。

下面我们简单拆解一篇小红书带货笔记。

标题:黑黄皮悠着点儿用!素颜都成白月光!

第一步:吸引注意。该产品是针对黄黑皮用户的,把相关痛点放在标题里,能引起用户注意。

正文:

咱就是说!

我这个职业熬夜选手之前整张脸黄得没法看,

素颜给人一种好脏、脸洗不干净的感觉，

皮肤松松垮垮很显老，

肤色又暗又黄，没有一点儿光泽。

不过现在，可算让我逮到好用的睡眠面膜啦！

你们看我现在的素颜图，是不是很干净透亮？

每次照镜子看到自己嫩乎乎的脸，

都要在心里跪谢氧肤时光肌肽睡眠面膜一万遍！

第二步：产生兴趣。描述自己被皮肤暗黄问题困扰的经历，以及改善之后的皮肤状态，让用户产生兴趣。

成分贼硬核！都是专门用来祛黄提亮的！

牛油果祛黄！祛黄！祛黄！

肌肽提亮！提亮！提亮！

透明质酸钠补水！补水！补水！

质地像冰淇淋一样丝滑，水水润润的，一点儿也不油腻！

很温和！干皮油皮都能用！

连轴转熬大夜都不怕！

薄涂一层，一边熬夜一边敷着！

还是免洗的！困了直接睡！

真的是太省事了！

第三步：激发欲望。描述产品卖点，激发用户的购买欲望。

该带货笔记下方直接附上了购买链接，因此没有在正文中给出

"引导行动"的相关话术。

平台上大部分带货笔记都遵循"AIDA模型"的销售逻辑，直接套用即可。需要注意的是，小红书笔记普遍比较简短，每块内容的篇幅并不是越长越好，精准有效才是最重要的。

2. 小红书引流笔记

在什么样的情况下需要从小红书上引流呢？比如小红书提供的场景不足以取得用户信任并形成有效转化，那么品牌方和服务方就可以选择把潜在用户引流到私域，再慢慢转化。比如引流到个人微信，利用朋友圈不断获取用户信任，最终引导用户下单。

需要引流到私域进行转化的产品往往有以下几类。

1）高单价产品

对于单价较高的产品，很少人会立刻购买。高单价产品的购买决策时间比较长，这时就需要将用户引流到私域，长时间进行用户渗透，以达到转化目的。常见的有珠宝、奢侈品、留学服务等。

之前有学员问我，卖一款20元的手机支架要不要引流到私域？显然没必要，杀鸡焉用宰牛刀？20元的产品，用户如果喜欢通常会直接下单，引流到私域进行销售反而把问题复杂化了。

2）高复购率产品

高复购率产品就是使用频率比较高的产品。常见的有纸巾、洗衣液、奶粉等，因为这些产品消耗得比较快，购买频率比较高，因此可以将用户引流到私域，为其提供长期服务。

3）垂直全品类产品

出售垂直全品类产品时，用户通常购买不止一个产品。比如你是卖护肤类产品的，用户一开始可能只买了面霜，但看着看着，发现眼霜和防晒霜也不错，于是就把它们也一起买了。对于这类产品，将用户引流到私域有助于为其提供长期服务。

4）服务型产品

有些产品本身就要在私域（微信）进行交付，比如知识付费、心理咨询、营养调理等。

将用户引流到私域的好处有很多，不仅可以实现反复触达，还可以让沟通路径更短、更有效。对于某些特殊的产品来说，仅凭几篇小红书笔记通常无法让用户做出购买行为，必须先将其引流到私域，再通过后续的营销进行转化。

在小红书上引流有两种方式，一种是转移自然流量，另一种是付费获取流量，即投流。自2023年起，小红书平台禁止向外站转移自然流量，所以下面介绍的引流笔记，主要是指用来进行付费投放的引流笔记。

介绍引流笔记写作之前，有必要介绍一下"聚光"这个平台。

聚光平台是小红书营销的一站式广告投放平台，能够满足广告主以产品种草、商品销售、客资收集、直播推广、抢占赛道等为目标的多样化营销需求。简单来说，你要引流，没问题，但你必须通过聚光平台合理合规地引流。自然，这是要付费的。

通过聚光平台引流是小红书官方允许的,所以引流笔记不同于带货笔记,内容可以更加直白,结构也相对简单。引流笔记的写法多种多样,结构也很随机,不过我个人认为,引流笔记应具备三要素,如图 2-15 所示。

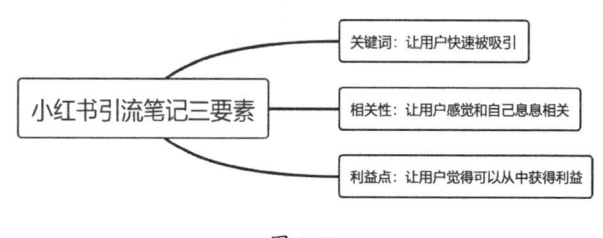

```
小红书引流笔记三要素 ── 关键词:让用户快速被吸引
                    ── 相关性:让用户感觉和自己息息相关
                    ── 利益点:让用户觉得可以从中获得利益
```

图 2-15

(1)关键词:直接把关键信息放到显眼的封面和标题上,抓取目标用户,让用户快速被吸引。

(2)相关性:通过分析政策、事例、新闻、数据等,证明某件事、某种现象和用户息息相关。

(3)利益点:论证用户能从中获得利益,比如解决问题、收获成长、获得物质回报等。

我们在实际操作时,只要组合上述三要素并对其进行完善,即可得到一篇简单的引流笔记。下面是我们团队内部转化效果还不错的一篇写作课程引流笔记,我们一起来拆解一下。

标题:7月写稿赚了 5W+,建议不要太在意文笔

正文:

刚刚算了算 7 月收益,单纯约稿 5W+,又有一点儿小突破。

关键词：写稿、收益、5W+。对于想通过写作赚稿费的人来说，这些就是吸引他们的关键词。

很多人问我："文笔很差能写稿吗？"

大家都误解了，其实自媒体稿件不需要华丽的词汇，只需要简单的大白话，会说人话就能写稿，而且其中是有小技巧的。下面三个技巧赶紧用起来！

相关性：和文笔差但又想写稿的用户扯上关系，产生相关性。

//技巧一

多用动词，少用形容词和副词。

错误示例：他学习很努力。

正确示例：所有人都走了，教室里只有他借着走廊的灯光在背单词，时间已经悄悄来到了凌晨1点。

通过一个个动词，勾勒出一个个生动的画面，能让读者读起来更有趣味。

//技巧二

多写细节，杜绝空泛的表述。有细节的文章才有生命力。

错误示例：她哭得很伤心。

正确示例：尽管躲在被窝里，尽管用力压抑着，但剧烈的啜泣还是让整张木板床随之抖动着，她露在外面的手把被子攥得紧紧的，仿佛一松开，悲伤就会掀开整床被。

//技巧三

善用数字，让文章更具象化。

错误示例：他已经很久没吃东西了。

正确示例：算了算，他已经 10 小时没让任何东西进肚子了，此刻哪怕在他眼前放 5 碗大米饭，他也能一扫而空吧……

除了上面三个写作技巧，还有以下"妙招"分享给大家。

//

多用写作工具！

金句工具：句子控、文案狗、一言。

AI 写作工具：Kimi、文心一言、腾讯元宝。

//

不要害怕投稿！

很多人害怕稿件被毙，所以不敢投稿，于是一直没有进步。

千万不要怕，写稿、投稿就是接受平台检验的过程，从中获得的反馈就是市场的反馈，通过这种路径成长起来，其效果比自己闷头写稿要好得多。

我是许老师，想学习写稿的，送给大家一份"写作教程合集"，很多小白作者看了这份教程都说收获很大，点击即可领取。

利益点：用免费资料引流，即为用户提供利益。

这么看下来，引流笔记写作并不复杂。其中的利益点，行业内又称之为"钩子"，即促进用户转化的关键因素。钩子设置得好，引流效果才好；钩子设置得不好，则可能没有任何引流效果。根据形式的不同，钩子分为隐性钩子和显性钩子，如图 2-16 所示。

第 2 章 商业变现万花筒——小红书

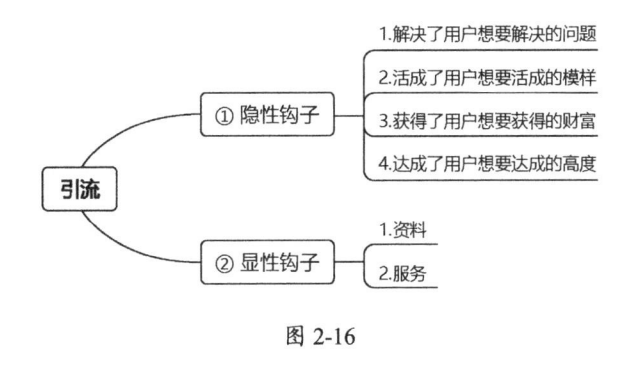

```
引流 ─┬─ ① 隐性钩子 ─┬─ 1.解决了用户想要解决的问题
      │              ├─ 2.活成了用户想要活成的模样
      │              ├─ 3.获得了用户想要获得的财富
      │              └─ 4.达成了用户想要达成的高度
      │
      └─ ② 显性钩子 ─┬─ 1.资料
                     └─ 2.服务
```

图 2-16

1）隐性钩子

博主在笔记里没有直接提出来，但是埋了很多能打动用户的点，这些点就是隐性钩子。比如解决了用户想要解决的问题、活成了用户想要活成的模样、获得了用户想要获得的财富、达成了用户想要达成的高度，等等。简而言之，就是让用户产生向往感的内容。

用户看到博主的自我展示，很向往，于是好奇博主是怎么做到的，进而主动询问，形成转化。

2）显性钩子

显性钩子就是直观的"福利"，通常包括资料和服务。资料通常包括真题资料包、课程课件、电子书、小说、电影资源等；服务通常是指能够在线上交付的服务，比如健康评估、心理诊断等。

设计显性钩子时，要特别注重以下几个方面。

（1）低成本：钩子是用来引流的，数量不设限，所以应该是低成本的。假如你的目标用户是长痘的人群，那你直接送祛痘产品无疑成本太高，但你如果提供皮肤诊断服务，成本就能降下来。

（2）相关性：钩子必须是用户所需的。假如你想要找到受长痘困扰的用户,那么钩子必须是与祛痘相关的,比如祛痘食谱、祛痘方案等。在这种情况下,你送一张电影票显然是不合理的。

(3)获得感:直接使用钩子,和对钩子进行包装后再使用,效果截然不同。比如,你送祛痘食谱时可以强调食谱效果有多好,用户反馈有多好,以此进行引流,而不是什么也不说就直接送。

无论是带货笔记,还是引流笔记,我们都提到了"解决方案""利益"等关键词,这是为什么呢?

因为对于用户而言,甚至对于所有人而言,大家在生活的大部分时间里都在寻求解决方案,寻求利益。所以,谁能提供这些,谁就能脱颖而出,并从中获利。

2.7 小红书爆款笔记写作

为什么人人都追求爆款?因为爆款带来的效果显著。产出一篇爆款笔记所获得的流量,可能是十几篇普通笔记的流量总和。可以说,小红书账号涨粉,主要来自爆款笔记。

1. 爆款选题

我们研究小红书爆款笔记,其实研究的是爆款选题。为什么这么说?因为小红书笔记写作其实很简单,确定选题之后,把标题、封面、正文填充完整即可,但选题决定了一篇笔记80%的流量。

掌握爆款选题的筛选方法,就等同于拥有了爆款笔记,如图2-17所示。

图 2-17

1）稳定型爆款选题法

什么是稳定型选题？它指的是需求量巨大且持久的选题，无论谁做都能有不错的数据。简单来说就是，爆过的选题还会再爆。

怎么找到稳定型爆款选题呢？先在小红书 App 的搜索框内输入关键词，出现在搜索页面靠前位置的都是与之相关的爆款笔记。查看任意一篇爆款笔记，再看同类选题的笔记数据如何，如果能轻松找到 10~20 篇同类选题的爆款笔记（点赞数在 1000 以上），那就可以判断该选题是稳定型爆款选题。如果同类选题的相关笔记很少，或者数据很差，那么该选题就不属于稳定型爆款选题。

2）高 CES 评分选题法

CES 评分是一种衡量社交媒体互动情况的指标，评分越高，说明内容影响力和用户互动性越高。CES 评分的具体计算方式如下：

CES 评分=点赞数（1 分）+收藏数（1 分）+评论数（4 分）+转发数（4 分）+关注数（8 分）

点赞和收藏是用户在浏览笔记时比较常见的行为，而评论、转发、关注等行为若要发生，则要求内容能引发用户共鸣，或者让用户有讨论的欲望，这些行为在某种程度上体现了选题的质量。

我们在浏览各种爆款笔记时，可以简单计算它的 CES 评分，如果一篇笔记的 CES 评分高得出奇，那么围绕相同选题进行创作，产出爆款笔记的概率将会大大提高。

3）热门笔记选题法

想要知道用户最关注的选题是什么，通常需要借助第三方工具，比如图 2-18 所示的新红，或者千瓜数据等，通过找笔记可以了解近期热度比较高的选题。

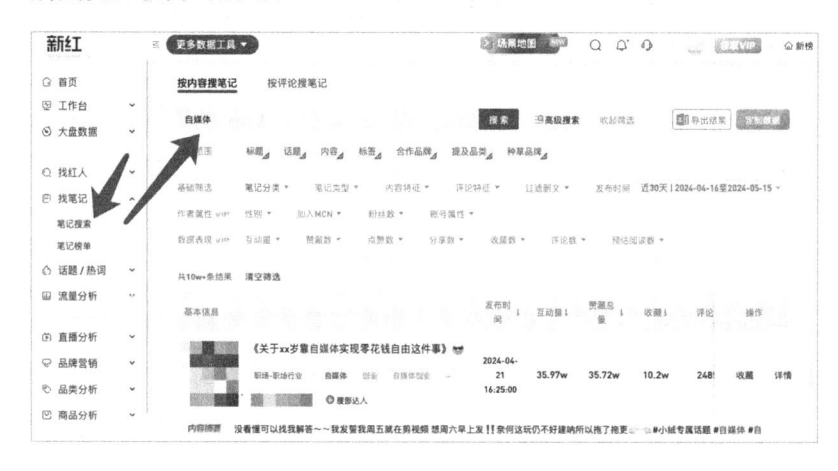

图 2-18

掌握以上 3 种爆款选题法，基本能保证一个账号有充足的选题来源。可能会有人不解，为什么选题要通过他人的爆款笔记或第三方平台数据来敲定，不能按照自己的灵感来确定吗？

当然是可以的！不过依靠自己灵感确定的选题，我更愿意称之为"常规选题"。想要把一个账号做起来，最好组合常规选题与爆款选题，既不浪费创作者的灵感，又可以冲击爆款。

2. 爆款标题

选题是产出爆款笔记的第一要素,其次是标题。标题考验的是对选题的提炼程度——精准提炼,放大关键信息,才能诱导更多用户查看笔记。

爆款标题的起法多种多样,我更喜欢从心理层面进行归纳分类,以下是我常用的且被验证有效的爆款标题起法。

1)从众心理标题法

听到人人都夸某个产品好,我们便会不由自主地跟着买——这就是从众心理的体现。

从众心理是人们的普遍心理现象,迎合大众能获得安全感,跟随大众能获得确定性,所以大部分人下意识会这么做。利用从众心理起的标题,其中需要包含受众群体、关键词、行为或效果等基础元素,举例如下。

- 全网女生都在学的眼妆教程。
- 90%小红书博主都在偷偷用的爆款标题公式。
- 高考党必备,数学至少提高20分。

2)好奇心理标题法

对于想要了解的事物、新鲜的事物、打破认知的事物、反常识的事物,人们会忍不住感到好奇,这是人的本性。利用好奇心理起的标题需要包含关键词、悬念表述这两个重要元素,举例如下。

- 没想到3个月的宝宝还能这么喝奶,真是开了眼。
- 留学3年,我终于明白了这个道理……

- 分析200个爆款标题后，我悟了……

提到用户所关心的信息，却欲言又止，这就是好奇心理标题法的逻辑。

3）速成心理标题法

在这个快节奏的时代，人人都渴望花最短的时间办最大的事，这就是速成心理。

如果告诉对方，只需要简单几个动作就能完成一件很复杂的事，那对方自然想要了解。利用速成心理起的标题应包含关键词、简单步骤/操作、巨大效果等关键元素，举例子如下。

- 每天一杯咖啡，我瘦了20斤。
- 广州周边游，看这一篇就够了。
- 每天读5分钟，我已经能和外国人说英语了。

这类标题等同于告诉你，不用怎么费力就能获得巨大的回报，用户很难不点进去一探究竟。

4）占便宜心理标题法

为什么现在"薅羊毛"这么火？本质上就是利用了人们的占便宜心理。人们总希望花最少的钱，或者干脆不花钱，就能获得自己想要的东西。利用占便宜心理起的标题通常包含关键词、低价或低成本、高获得感等关键元素，举例如下。

- 某平台20元淘的小裙子，全公司人都夸好看。
- 人均20元的烤肉，怎么做到比肩米其林的？
- 不套路，点赞就送某某音乐节门票。

我罗列的这些标题法里都出现了"关键词"这一元素,原因很简单,平台、用户、内容之间是相互匹配的,而关键词就是串联三者的标识,让它们在茫茫人海中找到彼此。

爆款标题都是有规律可循的,新人博主可以试着拆解 100~200 个爆款笔记的标题,基本就能摸清其结构,进而得出适合自己的标题公式。

3. 爆款笔记文案

曾经有学员问我,什么平台的文案是最容易撰写的。我甚至想都没想就回答他:小红书笔记文案。

小红书是一个以用户经验分享为主的平台,其笔记文案都是最简单、最常见的表述,没有华丽的辞藻,也没有拗口的长句。你平时怎么和朋友说话,小红书笔记文案就怎么写。

根据领域和选题的不同,小红书笔记文案的结构也有所不同,不过大部分爆款笔记文案都有三要素,如图 2-19 所示。

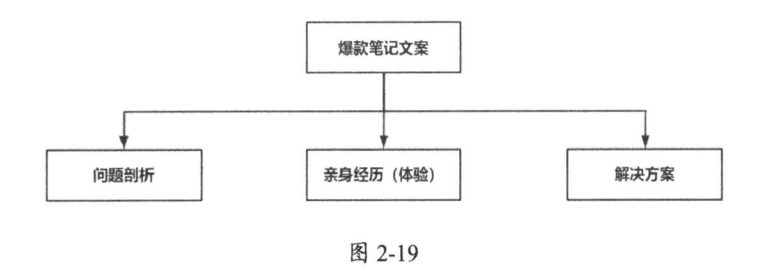

图 2-19

(1)问题剖析:想要抓住用户、留住用户,首先得把他们关心的问题捋清楚,掰开揉碎,一五一十告诉他们是怎么回事。

(2)亲身经历(体验):小红书是一个经验分享平台,博主的亲身经历（体验）是必不可少的，如果只空谈理论，没有亲身感受过，用户凭什么相信你所说的话？

（3）解决方案：同理，经验分享通常包含建议或解决方案。用户来到小红书不光是为了了解他人的经历，更是为了找到自身问题的解决方案。

问题解剖、亲身经历（体验）、解决方案，具备这三部分内容的笔记文案就足够丰满，也有潜力成为爆款。因为这些内容容易引起用户的共鸣，并激发点赞、收藏、转发等行为。

2.8 小红书变现的3大模型

大部分账号运营的终点都是变现，做小红书也一样。小红书变现的方式很丰富，总体来说可以归纳分为以下 3 类。

1. 引流变现

前面我们介绍了引流笔记的写作方法，然而光会写引流笔记是不够的，引流变现的前提是要有能承接流量的产品或服务。

比如你是卖衣服的，通过一篇效果很好的引流笔记把潜在用户引流到了自己的微信中，然后每天发朋友圈运营私域，用户看到你这里有各种各样自己喜欢的衣服，于是下单购买。这就是引流变现的过程，其中用于承接流量的产品就是衣服。当然，没有实体产品，有服务也行。比如考研辅导、写作培训、心理咨询等，这些都是可以承接流量的服务。

相反地，如果没有产品，也没有服务，那么即使成功将用户引流到私域，也无法实现转化和变现。

2. 店铺带货变现

最近两年，小红书店铺非常火爆。因为它的开通门槛很低，无论是个体用户，还是企业用户，都能够在小红书上申请开通店铺并售卖产品，同时可以以无货源的形式运营店铺，无须承担压货风险，可以说一部手机就能搞定所有变现流程。

小红书店铺的带货变现路径如图 2-20 所示。

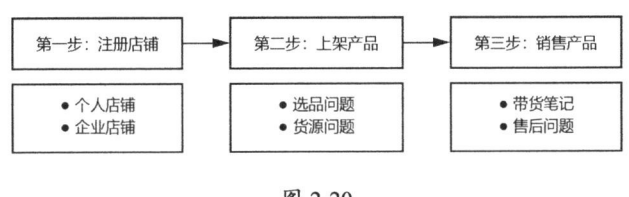

第一步：注册店铺	第二步：上架产品	第三步：销售产品
● 个人店铺 ● 企业店铺	● 选品问题 ● 货源问题	● 带货笔记 ● 售后问题

图 2-20

注册店铺较为简单，这里就不展开讲了。小红书店铺带货的核心是选品与带货笔记的撰写。

选品为什么重要？因为每一款产品都关系到目标人群、市场需求量、品牌知名度、使用趋势等。选品要避免"自嗨"，避免从主观出发，而是要先做市场调研，多观察小红书上的热门搜索品类，多对比各大电商平台的销量榜单，看看当下用户最需要的产品到底是什么。卖产品，其实卖的是市场需求。

带货笔记将在很大程度上影响产品转化率。带货笔记的写作方法前面已经讲过，这里就不再赘述了。总之，摸清用户需求，把产品卖点讲透，让用户感受到自己的问题能够得到解决，进而让他们心甘情愿地下单，这样的带货笔记才是好的带货笔记。

3. 广告变现

广告变现，指的是博主在拥有持续输出内容的能力及足够多的粉丝后，通过帮助品牌方推广产品来获得收益。

在小红书上通过官方渠道接广告是有门槛的，粉丝量必须达到1000以上才能在蒲公英平台接商业推广。通过官方渠道接的广告，我们称之为报备广告；不经过官方渠道，私下接的广告，我们称之为非报备广告。接非报备广告对粉丝量没有要求，发布上也没有严格的限制，不过随时有违规被限流的可能，因此不建议这样做。

小红书广告变现的核心是粉丝量和账号调性。

品牌方找博主做推广，自然看中其曝光量。账号的粉丝量越高，带来的曝光量就越高，收取的广告费自然也越高。小红书的广告变现门槛是粉丝量达到1000，不同平台的门槛不一样，行业内经常区分头部账号和腰部账号，主要就是看粉丝量。

账号调性，具体表现在账号的垂直程度、内容质量、博主人设、粉丝黏性上。一个账号，品类越垂直、内容质量越好、博主人设越讨喜、粉丝黏性越高，其议价权就越大。为什么市场上同质化严重的账号、搬运号、营销号，都很难生存？因为这类账号调性不足，内容粗制滥造，不符合品牌方对账号的要求。

回头看本章内容，不难发现，关于小红书，我们提及最多的是"用户"二字，为什么呢？

因为小红书不同于其他自媒体平台，它有更垂直的服务范围。

其他自媒体平台虽然也服务用户，但更多的是提供宽泛的内容，娱乐属性较为明显。而小红书为用户提供了问题解决方案，实用属性更强。

任何一个深度服务于用户需求，且能提供实用性参考意见的平台，其商业价值都不会低。这就是"种草"的力量。

第3章

最大的中文问答社区——知乎

3.1 知乎的算法

同为内容分享平台，知乎和小红书有着很多不同之处，也有着很多相似之处。

不同之处在于，知乎聚焦于对某种人生困惑的建议、对某些社会事件的看法，而小红书则聚焦于经验交流和好物分享——前者偏向于呈现个人观点，后者偏向于给出具体方案。

相似之处，主要体现在算法上。知乎和小红书都以公域流量为主，内容依赖于平台推荐。

打开知乎 App，如图 3-1 所示，能看到位于页面上方的几个版块，分别是"想法""关注""推荐""热榜""故事"，代表着几个不同的流量端口，除了"关注"，其余 4 个都属于公域流量。

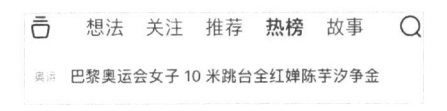

图 3-1

知乎中的流量来源如图 3-2 所示，其中"推荐"占比最高，其次是"热榜"和"搜索"，而"关注"所贡献的流量几乎是垫底的。

"关注"的流量来自账号的关注用户，也就是所谓的粉丝。那么是不是说明知乎平台不在乎粉丝量呢？当然不是，粉丝量除了能带来流量，还能反映账号的内容质量和用户黏性，肯定越多越好。

图 3-2

从图 3-2 中可以看出，要想在知乎平台获得流量，方法有 3 种：想办法获得算法推荐、努力占据热榜、尽量出现在搜索页面。

如何在这 3 方面精准发力呢？这要从知乎的算法说起。

相比于小红书，知乎的算法更"直白"，用的是在 2014 年引入的"威尔逊算法"，以此进行内容推荐。在这套算法下，专业性、权威性、认可度高的回答[1]排序更靠前，可以获得更好的曝光。

假设总得分为 Score，则威尔逊算法公式如下：

$$\text{Score} = \left(p + \frac{z_\alpha^2}{2n} - \frac{z_\alpha}{2n}\sqrt{4n(1-p)p + z_\alpha^2} \right) / \left(1 + \frac{z_\alpha^2}{n} \right)$$

其中

$$n（总数）= u（赞同数）+ v（反对数）$$

---

[1] 知乎是一个中文问答社区，针对知乎中的用户提问，所发布的回复帖子又被称为"回答"。

$$p(赞同率) = u(赞同数) / n(总数)$$

可能很多朋友一看到这个公式就两眼一抹黑,甚至在心里忍不住骂:这是啥玩意?这么一大坨,又是加减乘除,又是开根号的,谁能看得懂?

先不要慌,这个公式只是看起来吓人,但实则很清晰。只要搞清楚是什么变量在影响总得分,就能知道知乎算法是怎么运行的了。显然,影响总得分最直接的因素是赞同数(u)和反对数(v)。

使用过知乎的人都知道,在任意一篇回答下方,如果你认同其观点,可以点"赞同";如果不认同,可以点"反对"。对于平台中的内容,用户有赞同和反对的权利。

威尔逊算法作为一种基于用户评价行为的排序算法,底层逻辑是,当一篇文章获得更多的赞同(好评)时,总得分会迅速提高,而当它获得更多的反对(差评)时,总得分则会降低。简而言之,知乎对内容的推荐和排序,基于用户的赞同和反对行为实现。

那么,是不是赞同数高的回答,就一定会出现在页面上方,获得更多的曝光机会呢?其实未必。与其说知乎的内容推荐是基于赞同数和反对数的,不如说它是基于两者的综合考量的,也就是威尔逊算法公式中的总得分。

举个例子,你写了一篇回答,获得的赞同数高达 10000 以上;你的朋友张三也写了一篇回答,虽然只获得了 100 个赞同,但是其在平台推荐时却排在你的前面,为什么呢?这时还得看看你们所写的回答的反对数。张三只得到 1 个反对,再看看你的——好家伙,反对数直冲 2000,评论区全是追着你骂的。根据威尔逊算法公式,你的总得分更低，自然排在张三后面。这也就解释了，为什么我们刷知乎时总能遇到一些赞同数少的回答比赞同数多的回答排序更靠前。

从中我们得到的启发是，一篇问答应将获得大量的赞同作为目标，同时不应该嵌入过多的争议和冒犯，以避免获得过多的反对。内容，永远是一门平衡的艺术。赞同和反对，可以在很大程度上决定回答是否会被推荐。

在知乎中，影响推荐的因素还有很多，如图3-3所示。

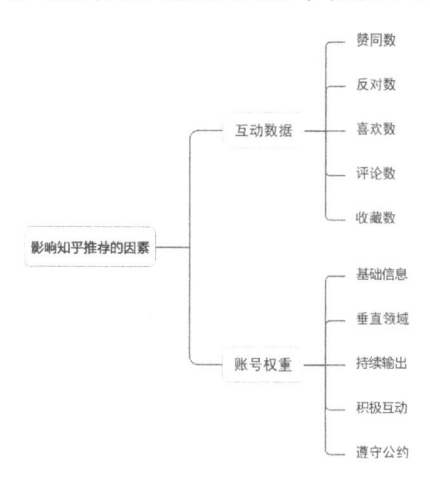

图3-3

1）互动数据

除了赞同数、反对数，决定一篇回答是否能被算法推荐的因素还有喜欢数、评论数、收藏数等互动数据。为什么现在很多创作者都喜欢在文章底部引导用户点赞、评论呢？因为良好的互动数据有利于文章被推荐。

2）账号权重

很多人不理解账号权重的意思，其实它指的是平台对账号的评价。这个指标会直接影响账号内容的曝光量——权重高的账号，相对来说更容易获得较多的初始推荐机会。

影响账号权重的因素有很多，比如账号的基础信息是否完善，内容领域是否足够垂直，是否持续输出内容，是否积极与其他账号互动（点赞和评论优质内容），是否遵守平台公约等。

很显然，一个权重高的账号，必然是在某个垂直领域持续输出高价值内容的账号。反映账号权重的一个重要指标是知乎"盐值"，盐值越高，意味着账号权重越高。

整体而言，知乎的算法不复杂，想要获得更多的推荐机会，一是要好好回答问题，获得更多的赞同和喜欢，二是保持账号活跃，多创作、多做任务，并且遵守平台公约。

3.2 知乎高赞技巧

爆文对自媒体创作者的意义已经无须赘述，知乎平台的回答能不能算作爆文，通常用赞同数来评判。赞同数达到 1000 以上的回答可以被称为爆文。

那么，如何获得更高的赞同数呢？肯定有人说，好好写内容呗。产出好内容是必然的，不过内容的好坏很难被标准化，而且要想产出好内容还需要一定的时间去摸索，那在此之前该怎么办呢？

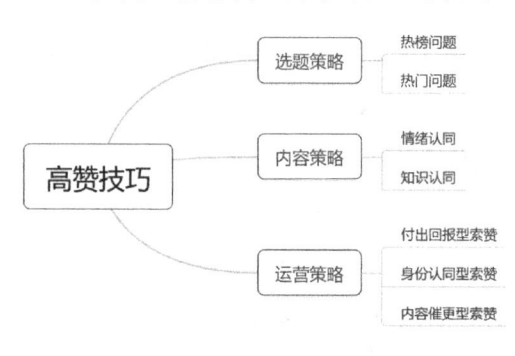

这里介绍一些策略性的高赞技巧，如图 3-4 所示。

图 3-4

1. 选题策略

如果问现在的年轻人："为什么你们都喜欢到'北上广'去找工作？"他们大概率会回答："因为这些地方有更多的就业机会和更大的舞台。"从机会和资源密集程度上来看，的确如此，现在国内外的大企业很多都集中在"北上广深杭"这些大城市。

年轻人选择在这些地方工作，被看到的概率会更高。做内容的道理也一样，选择高流量和高讨论度的选题，有助于提高内容的曝光量。知乎上高流量的选题通常有两类——热榜问题和热门问题。

1）热榜问题

如图 3-5 所示，在知乎 App 首页中，"热榜"占据着一个单独版块，其中汇聚了近期讨论度较高的问题，排名越靠前，问题热度就越高，用户可以自由选择问题进行回答。回答热榜问题，等同于把内容投入热度极高的流量池，内容被看到的概率必然更高。

图 3-5

热榜问题的分布是有规律的，榜单上共计 50 条，排在前面的通常是全民性热点问题，榜单平均每 2~3 小时更新一次，讨论度高的问题会持续留在榜单上。

创作者选择热榜问题回答时，建议选择自己擅长的领域，保持内容的专业性和垂直度，不要今天聊风花雪月，明天聊国家大事，这样不利于自己账号权重的提升。

2）热门问题

热门问题和热榜问题有什么不一样？热门问题指的是有很多用户关注的问题，常出现在推荐页面上；而热榜问题指的是当下讨论度很高的问题，常出现在热榜页面上。两者可能是重合的，也可能是无关的。

每个人定义热门问题的标准都不同。我认为，如果一个问题的关注人数超过 5000，那这个问题就值得回答。而如果像图 3-6 所示这样，成为现象级热门问题，那么在符合账号定位的情况下，务必要把握住回答机会。

图 3-6

我上大学那会儿，每次赶上大一新生入学，我都会去摆地摊儿卖日用品。摆地摊儿选址是一门学问，要考虑到人流量问题，在人流量大的地方摆地摊儿，东西更容易卖出去，粤语叫"旺角"。热榜问题和热门问题就是两个"旺角"，代表着知乎平台的两个巨大流量入口，不利用起来将是创作者的损失。

2. 内容策略

在知乎上，打动用户的关键是内容。可什么样的内容才能打动用户呢？一般来讲，能够打动用户的内容，其共同点是——用户要么能从中获得情绪认同，要么能从中获得知识认同。

什么是情绪认同？简单来说，就是情感上的共鸣，用户会随着回答中的情绪变化而产生情绪变化，与创作者有着相同的感受——你开心，他也开心；你愤怒，他也愤怒。情绪认同，通常在一些生活经历类的问答里更容易获得，创作者真诚分享自己的经历和感受，引发用户的情感共鸣。

知识认同，指的是用户被回答中的知识专业性所征服。想要获得知识认同，就需要展示出创作者的专业性，即创作者应在某些专业领域具备良好的认知和素养。

曾经有朋友开玩笑说，在知乎上，无论你懂不懂，都必须说自己懂，"显得专业"很重要。我们自然不需要假装专业，但是一定要明白，在知乎上，专业能力是很好的个人优势，创作者的回答越专业、信息密度越高，就越容易获得赞同。

内容策略，本质上就是征服。创作者在情感或专业知识上征服用户，从而获得用户的赞同。

3. 运营策略

在某些情况下，用户看到一篇很好的回答也未必会点"赞同"，这可能和用户的个人习惯有关，也可能是用户忘记点了，此时我们可以在旁边提醒，触发用户的点赞行为。

常用的运营策略是提醒或索要点赞。在没写什么实际内容的情况下提醒和索要点赞，效果并不明显。比如，张三要表演唱歌，还没开始唱就要求台下观众给他鼓掌，这是很让人反感的。要想赢得雷鸣般的掌声，还是得看张三的唱功。同样地，提醒或索要点赞，要有高质量的内容作为铺垫。

以下是几种常见的提醒或索要点赞的方法。

（1）付出回报型索赞：我们在知乎上刷问答时，会在回答中看到类似于"熬夜码了5000字，真不容易，各位帮忙点个赞吧"的提醒，这就是付出回报型索赞。创作者投入大量的时间和精力去写回答，用户在文字量、信息密度上是能看到其诚意的。这种情况下，用户通常不会吝惜手中的赞。付出回报型索赞，本质上是索要对脑力劳动付出的肯定或奖赏。

（2）身份认同型索赞：在回答一些问题时，如果聊到很多人的相同经历或困惑，可以适度拉近与用户的关系。该方法很有效，比如我们经常看到的"有相同情况的小伙伴双击屏幕""如果你也吃过亏，点个小心心，帮其他人避坑"这样的话术，就是在通过身份认同来索赞。该方法通常用在讨论人类普遍性痛点的场景中。

（3）内容催更型索赞：该方法适合用在故事性回答或长文系列回答中。前面的内容足够吸引人，用户想要看到接下来的内容，此时可以用更新作为"诱饵"去提醒用户点赞，常见的话术有"点个赞，让我看看有多少小伙伴想看后续""点赞超过500，马上更新"。内容催更型索赞的前提是，创作者已经发布了部分内容且获得了不错的反馈，这说明有相当一部分用户对内容是认可的。

无论是选题策略、内容策略，还是运营策略，这些都不是获得赞同的主因。它们起到锦上添花的作用，让好的内容获得更多用户的认可。所谓的"高赞技巧"，其核心还是内容质量。

3.3 知乎回答文案写作

有问题，就会有答案。这是显示在知乎 App 开屏画面上的 slogan，也代表着知乎的功能——一个巨大的问答社区。既然是问答社区，那么回答文案自然是其中最主流的文本类型。

知乎中主流的回答文案应该怎么写？请注意我的措辞——"主流"的回答文案。为什么要用"主流"二字？其实所有自媒体平台上都有着一位又一位野蛮生长的创作者，他们各有各的内容方法论和创作技巧，张三擅长故事文，李四专攻鸡汤文，王五聚焦议论文……文案写作从来没有统一的技巧,"主流"强调的是,目前被较多创作者使用且验证有效。

根据论述角度,我们可以把知乎回答分为3类。

(1)观点类:创作者对某个人、某件事、某个物品发表见解和看法,常见于有关社会事件的讨论中。

(2)经验类:对于某个问题,分享自己的经历,给出个人建议,多见于生活相关领域,比如育儿、情感、职场、求学等。

(3)知识类:顾名思义,就是用专业知识去解答问题。

举个例子:张三曾是一名家喻户晓的演员,如今却无戏可演,只能直播卖红薯,于是有用户提问:"如何看待演员张三直播卖红薯一事?"回答该问题,可以有不同的切入点。

如果你单纯论述自己怎么看待张三卖红薯这件事,那么你的回答就属于观点类回答;如果你结合自身经历论述直播卖红薯之艰难,那么你的回答就属于经验类回答;如果你论述的是张三直播卖的红薯属于什么品种、产自何地、保质期多久、怎么做好吃,那么你的回答显然是知识类回答。

很多时候,回答问题不是只有单一的角度,但无论从何角度去回答问题,最重要的都是为用户提供相关的价值。

对于回答文案的写作,我们在实践中常用图3-7所示的结构。

开头:吸睛 → 衔接:介绍背景 → 中间:观点/经验/知识 → 结尾:点题或升华

图3-7

下面，我们依旧以"如何看待演员张三直播卖红薯一事？"为例，介绍回答文案的写作技巧。

1. 开头

无论是在手机端，还是在电脑端，知乎上的内容都是被折叠起来的，用户能看到的只有问题和回答的前 50 字，这就意味着回答文案的开头十分重要。

开头的首要任务是吸睛。你需要在 50 字内吸引住用户，唯有吸引住用户、留住用户，才有可能在接下来的内容里征服用户。那么，如何在开头就让内容吸睛呢？可以输出犀利的观点、反常的立场、强烈的情绪、巨大的悬念等。

比如针对这里的例子，如果回答文案以"谢邀"开头，那么不仅同质化严重，还缺乏吸引力，不如换成"张三直播卖红薯是他活该"，或者"张三沦落到今天这个地步，我早几年就猜到了……"这样的话术明显更能刺激用户点开回答。

在相同的问题下，回答文案的开头起到了标题一般的作用，因此非常重要。

2. 衔接

开头之后，需要用内容去衔接，通常是相关人物或事件的背景介绍，主要作用是让用户对问题中的人物和事件有起码的了解，清楚问题的来龙去脉，从而有更好的阅读体验。在张三卖红薯这个例子中，衔接部分可以是张三的个人介绍——他曾经多么辉煌，现在却沦落到直播卖红薯的地步，让用户直观感受到前后的对比和落差。

3. 中间

中间部分是回答文案的核心，是撑起内容的骨架，也是获得用户赞同的关键。如前面所述，我们可以从观点、经验、知识等角度切入去回答问题，更多时候需要将这些角度结合起来论述，用自己的经验去支撑观点，或用专业知识去验证观点。

比如你认为张三沦落到直播卖红薯的地步是他活该（观点），那么他为什么活该？原来是因为你在剧组当过群演，刚好接触过张三本人，这个人不思进取，在演技上毫无追求，因此沦落到今天这个地步并非偶然（经验）；另外，你略懂演戏，从他面部表情、肢体动作、台词等方面分析，都能看出他的演技是没有市场的（知识）。

4. 结尾

结尾通常是对文章的总结，我们在总结的时候可以适当用一些技巧，比如多用金句，或把立意上升到更高的层面，升华主题。

比如，你在回答文案的结尾如果还说张三沦落到直播卖红薯的地步实属活该，这未免有些重复。其实，你可以把张三的个人现象延伸到娱乐圈的演员现状上，痛批如今有些演员过度依赖包装和营销，从没想过提升自己的演技，这是整个行业的悲哀。如此一来，文案立意更高了，内容也更能打动人了。

前段时间，我在偶然之下去了一家粤菜馆。我本来不知道这家店，可路过的时候被招牌中的"古法粤菜"所吸引，我很好奇，于是进去点了几个招牌菜。菜品味道确实不错，整体上我是满意的。吃得差不多了，厨师来到我跟前，跟我讲每道菜的食材与背景——用到了什么菜，有什么讲究，背后有怎样的故事……听完，我不禁感概这些菜品的历史渊源和文化积淀，体验感也更上一层楼。

我们在写回答文案时，也应该参考这家粤菜馆的打法，先用招牌（开头）把食客（用户）拉进自己的领域，再用菜品（中间）征服食客（用户）并获得其认可，在食客酒足饭饱之后（结尾）补上一段升华内容，进一步提升品牌价值。

3.4 知乎小说写作

曾经有朋友跟我抱怨，说创作者在知乎上赚不到钱。显然这话不对（知乎老板听了估计要生气），只能说知乎和其他自媒体平台有着本质的区别。大部分自媒体平台的变现路径是销售流量和广告位，而知乎的营收大头是内容付费。

2023年全年，知乎总收入为41.99亿元，其中付费会员业务收入为18.3亿元，占比最高，其次是营销服务，收入为16.5亿元，再者是付费培训，收入为5.7亿元。付费会员和付费培训的收入超过总收入的一半。归根结底，知乎主要是靠内容付费赚钱的。

既然是内容付费平台，那就涉及用户拉新的问题。国内各大长视频平台为什么愿意每年投入大量资金去拍摄新的电视剧，或购买海外影视剧版权？因为它们想用各种新鲜的内容去刺激用户转化，让想看这些影视剧的用户成为平台的付费会员，实现拉新和盈利。

知乎也采用了相同的打法。其中知乎小说在转化付费会员中发挥了巨大的作用，如今已经成为一个独立的流量端口——"故事"。想要在知乎上赚到钱，将知乎小说作为主流变现路径是一个很不错的选择。那么,知乎小说怎么写呢?本节我们就来详细介绍。

开始聊写作技巧之前,我们要清楚知乎小说的特点——主题鲜明、行文精简、节奏轻快、冲突频发。简单来说就是:快、准、狠。

知乎小说属于自媒体内容,不同于传统的文学作品,甚至和网文也有很大的区别,它需要在最短的时间里抢夺用户的注意力,所以必须要有鲜明的主题、快速变换的节奏和频繁冲突的情节。

知乎小说的文本通常可以分为导语和正文两部分。

1. 导语

如前面所述,在知乎上,回答的开头是会被折叠起来的,小说也不例外。对于知乎小说来说,必须要在用户只能看到前面几行字的情况下,用一个钩子把用户留住。导语就是这个钩子。

如果说短视频讲究的是黄金3秒,那么知乎小说讲究的就是黄金3行。前几行内容的吸引力至关重要。

导语就是小说的开头,一般是对故事的提炼,或者是高潮情节的节选,推荐使用以下导语(开头)技巧,如图3-8所示。

```
                    ❶ 悬念式
    导语(开头)      ❷ 反带式
                    ❸ 冲突式
```

图 3-8

1)悬念式

设置钩子,勾起用户的好奇心,或者通过留白留下悬念。以下是悬念式导语的案例。

- "核对完开奖结果，我确认手里的彩票中了 500 万元，但我没有任何喜悦之情，满脑子想的都是如何把它撕碎……"
- "在北京打拼 5 年，买了房，买了车，还娶了心爱的女人为妻，但是如果能重来，我宁愿没来过北京……"
- "刚刚被炒鱿鱼了，我笑得很开心，心想终于解脱了……"

悬念式开头能激发用户的好奇心，让他们迫切去寻找答案，进而往下阅读。

2）反常式

按照用户的惯性思维，一件事应该向着 A 方向发展，结果却向着人们意想不到的 B 方向发展了。以下是几个反常式导语的案例。

- "哈哈哈，我穿越了，穿越到唐朝最有钱的豪门望族家庭，只是，我成了他们家的一条狗。"
- "'我可以帮你赚到 500 万元'，旁边衣衫褴褛的乞丐走过来，信心满满地对我说。"
- "我追了他 3 年，他终于答应结婚了，但新娘不是我。"

事情的发展超乎常理，跟自己想的反着来，在这种情况下用户会感到困惑，于是想要点开文章一探究竟。

3）冲突式

通过对话或描述，制造强烈的感官或情绪冲突，瞬间引起用户注意。以下是几个冲突式导语的案例。

- "我爸很疼我,从小到大没说过我一句,但他昨晚却因为一个陌生的女人,指着我鼻子骂。"
- "'快跑,快跑,快离开这里!'半夜三更,我妈猛地推开我的房门,惊恐地朝我呼喊。"
- "课堂上,班主任当着全班同学的面哭了起来,这个月她已经哭了三次了。"

知乎小说的导语必须精练、高效、有吸引力,能在有限的时间和篇幅里把用户吸引进来,其作用等同于公众号文章的标题。

2. 正文

光把用户吸引进来是不够的,我们还需要让用户有愉快的阅读体验。如果把用户阅读知乎小说的行为看作逛商场,那么导语(开头)的作用是把用户"拽"进来,而正文的作用是让用户心甘情愿地在商场里逗留,并且消费。

知乎小说的正文体现了故事的设计和编排,关乎用户停留时间、阅读完成率。正文的设计要素如图3-9所示。

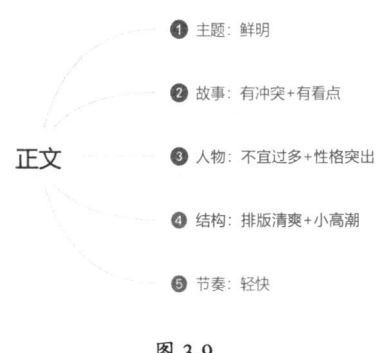

正文
① 主题:鲜明
② 故事:有冲突+有看点
③ 人物:不宜过多+性格突出
④ 结构:排版清爽+小高潮
⑤ 节奏:轻快

图 3-9

1)主题

任何一个成熟的故事,都是有主题的。主题指的是故事的展开话题,比如职场不幸、情场失意,或者逆天改命……主题必须足够鲜明,这样才能吸引专属受众。知乎小说以短篇为主,一篇小说能表达好一个主题就可以了。

2)故事

传统文学作品中的故事五花八门,可能猛烈如火山爆发,也可能温和如小溪流水。但在自媒体时代,用户很难沉下心来看完一个节奏缓慢的故事,这就要求知乎小说的故事不能像传统文学作品一样,要尽可能有冲突、有看点,让用户有强烈的情绪变化。

3)人物

知乎小说不应该给用户造成阅读负担,其中的人物不宜过多,数量最好控制在 3~5 名,以防止复杂的人物关系将用户绕晕。这些人物应具有突出的性格特点,能够推动故事的发展。

4)结构

知乎小说应给用户提供精神快感,而非阅读负担。在结构上,有很多可以使用技巧的地方:比如减少长句,每句话尽量不超过 50 字,多回行,排版清爽些;比如多用序号划分章节,每个章节的字数控制在 1000 字左右;再比如,为每个章节的故事都设计情节上的小高潮,让用户有读下去的欲望。

5)节奏

曾经有学员把他的小说发给我看,我硬着头皮看完第一章,险些把自己憋出病来，因为他在开头光是描写环境就用了几千字。知乎小说绝对不能这么写，叙事节奏必须轻快，减少支线，减少环境描写，减少心理活动描写，尽量用对话和叙述来完成故事讲解。

总结一下，知乎小说正文的创作公式是：知乎小说=鲜明的主题+冲突感强的故事+性格突出的人物+清爽分明的结构+轻快的节奏。

按这个公式精心设计好各个部分的内容，再将它们串联起来，就形成了一篇合乎平台调性的小说。这个过程再次印证了我们在前两章说过的话——自媒体内容更像一款产品，是可以被设计出来的。

知乎小说相对于其他自媒体平台的内容而言，篇幅算是比较长的，因此更需要设计好每个环节，让用户有兴趣读到最后。

3.5 知乎带货文案写作

细心的朋友应该会发现，知乎上很多问题下面会出现一些产品卡片，可以让用户付费。这就是带货文案的主要呈现形式。

知乎带货文案的商业模式是，创作者根据问题给出回答，结合人群痛点适时插入产品卡片，用户在阅读过程中发生下单行为，那么创作者就可以获得平台的佣金。直白一点儿来说就是，你帮商家卖产品，商家给你佣金。

那么，知乎带货文案怎么写呢？知乎带货文案属于知乎回答文案的一种商业化延伸，它和常规的回答文案有着很多相通的地方，但又有着自己独有的结构。

在撰写知乎带货文案时，可以按照以下 SOP[1] 进行。下面我们以在知乎平台推荐防脱洗发水为例，详细说明。

1. 选定产品

为什么要先选定产品？因为只有对一个产品有基础的了解，知道它的功能、成分、效果，才能清楚其背后的目标人群是哪些，其常用的生活场景有哪些，进而在带货文案中有的放矢。

比如卖防脱洗发水，你需要在带货文案中描述它的功效、成分、可能的副作用，以及使用多久能看到效果。你最好自己使用过相关产品，并将自己的体验如实描述出来。如果对产品不了解就去带货，这对用户是不负责的。

2. 寻找适合的问答场景

教我做营销的一位前辈曾说过，再好的雨衣也很难在沙漠卖出去。这句话背后的逻辑是，产品销售需要场景，比如冬天羽绒服更好卖，夏天防晒霜更好卖。时机不对，产品就有滞销的可能。比如卖防脱洗发水，如果你要卖给光头人士，怕是要挨揍。

知乎上有各种各样的问答场景，带货时要参考热榜问题或热门问题，选择能够植入产品的问答场景；也可以在搜索框输入关键词，找到相关的问题进行植入。比如，要卖防脱洗发水，对应的关键词可以是"脱发""秃头""熬夜"等。合适的问答场景会让产品的出现更自然。

---

[1] SOP，Standard Operating Procedure，标准作业程序。指将某一事件的标准操作步骤和要求以统一的格式描述出来，用于指导和规范日常的工作。

3. 提炼产品卖点

选定问答场景之后，就可以正式撰写带货文案了。建议先把产品卖点提炼出来，因为产品的功能可能是多种多样的，但并非所有卖点都可以被植入问答场景，所以必须进行卖点提炼和筛选。

比如卖的是防脱洗发水，而问题是"熬夜对人体有什么损害"，如果不进行产品卖点提炼，可能很难把两者结合起来。但如果你能先搞清楚熬夜对人体的损害之一是导致脱发，而这款洗发水的卖点正是有效防脱，那么这个产品就可以被丝滑植入回答中了。

4. 设计体验场景

在根据产品卖点撰写带货文案时，如果像写说明书一样循规蹈矩，那么未免过于生硬。知乎带货文案和小红书种草笔记很像，创作者的亲身体验是不可或缺的。

创作者以自己或身边人作为体验者，有图有真相地推荐一款产品，更容易取得用户的信任。比如，在推荐防脱洗发水时，与其铆足劲介绍它的成分和功效，不如展示你身边人的使用效果。

体验场景通常包括以下几个要素，如图 3-10 所示。

体验场景
① 个人困扰
② 使用前（图片+文字）
③ 使用后（图片+文字）
④ 效果原理
⑤ 推荐原因

图 3-10

首先，体验一款产品必定是因为存在个人困扰，比如你出现了脱发问题，所以急于体验一款防脱洗发水产品。这种困扰要细致描述出来，例如"每天洗头，头发一大把一大把地掉，很痛苦"，用类似的话术既能提高真实性，又能引起受众用户的共鸣。

然后，加入使用前和使用后的对比，用图文结合的方式描述在使用产品前自己的状态，同样用图文结合的方式描述在使用该产品后自己发生了哪些改变。在产品营销里，前后对比几乎是必备选项，它是产品效果最直观的体现。

接着，你需要阐述产品为什么会有这种效果，产生这种效果的原理是什么，即提供科学依据来对产品进行背书。

最后，站在体验者的角度去推荐这款产品，说清楚你为什么要推荐它，这里用到的就是前面提炼的产品卖点。

显然，创作者的真实体验场景在带货文案中是重中之重，它是取得用户信任及输出产品卖点最有效的部分。

5. 设计下单场景

讲述完自己的使用体验和推荐原因后，用户的购买意愿就会达到比较强烈的状态，此时可以设计下单场景，引导用户下单。

设计下单场景的目的是让用户选择你所提供的购买路径。现在的电商平台那么多，用户完全可以多方比价，看哪个平台更便宜、赠品更多，他为什么要在你这里买呢？

为了促成用户下单，可以在设计下单场景上多花点儿心思。创作者可以使用一些话术，比如"大家要小心买到假货，我推荐的这家店保证正品,亲测有效""我在这里买的,商家态度很好,不仅价格便宜,还送了试用装"等,这些话术会让用户觉得创作者已经亲自使用过,降低了试错风险,可以避免踩雷。

以上就是知乎带货文案的写作 SOP。这里建议大家在工作中多使用 SOP,将事务流程化,然后逐步完成,提高效率。

不难看出,无论是公众号、小红书,还是知乎,带货文案都有很多相似之处,本质都是想方设法取得用户的信任,让用户下单。用户信任,是一切销售行为的前提。

3.6 知乎变现的5大模式

我对知乎很有好感的一点是,它的变现模式很丰富。即便每个人的写作能力有差异,擅长的内容领域也不同,但在知乎上,大家几乎都能轻松找到契合自己的变现模式。

接下来,我会根据难易程度、内容方向,系统介绍知乎平台的 5 大变现模式。

1. 红包问答

如字面意思,在"回答领红包"的问题下作答就有可能获得红包奖励。

商家或品牌方在发布新产品及举行品牌活动时,都需要话题度和讨论度,于是就会发起"回答领红包"活动,让更多创作者参与讨论,瓜分现金,如图 3-11 所示。每个人分到的金额根据回答质量、赞同数而定，也就是按质量分配。

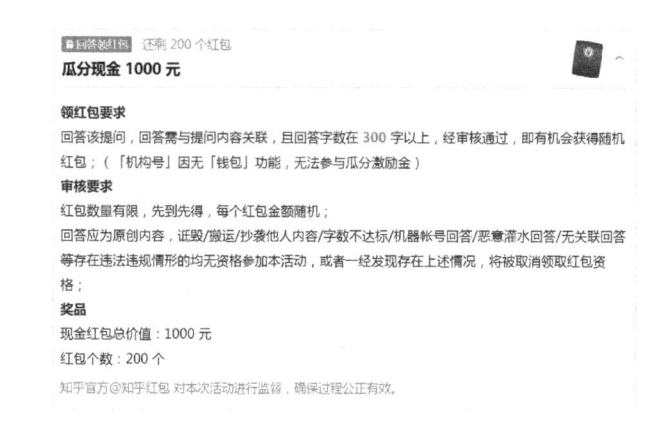

```
圆答装红包  还剩 200 个红包
瓜分现金 1000 元

领红包要求
回答该提问，回答需与提问内容关联，且回答字数在 300 字以上，经审核通过，即有机会获得随机
红包；（"机构号"因无"钱包"功能，无法参与瓜分激励金）
审核要求
红包数量有限，先到先得，每个红包金额随机；
回答应为原创内容，诋毁/搬运/抄袭他人内容/字数不达标/机器帐号回答/恶意灌水回答/无关联回答
等存在违法违规情形的均无资格参加本活动，或者一经发现存在上述情况，将被取消领取红包资
格；
奖品
现金红包总价值：1000 元
红包个数：200 个

知乎官方@知乎红包 对本次活动进行监督，确保过程公正有效。
```

图 3-11

回答这类问题时有一些小技巧，比如，应尽量选择回答数量少且剩余红包金额高的问题；应尽量回答门槛低的问题，例如那些对字数要求少的、操作简单的、时间成本低的问题。红包发放周期一般较长，不过只要参与就会获得奖励，所以连续参与活动、批量回答问题是比较好的策略。

如何找到红包问题？一方面可以关注一些知乎官方账号，或者品牌方的知乎账号，这些账号会经常发布红包问题；另一方面，可以依次选择"我的"—"创作中心"—"成长助力"—"活动中心"，里面有很多类似的问答活动。

红包问答的门槛较低，适合新人创作者。

2. 好物推荐

好物推荐，顾名思义就是带货。

好物推荐是知乎推出的一个官方好物分享机制，它有相应的权限门槛——创作者等级需要达到 Lv3，且账号注册时间≥90 天，同时在过去 90 天内未违反《知乎社区管理规定》。创作者等级越高，其权限就越丰富。等级达到 Lv3 是一个较低的门槛，通常写 3~5 篇回答就能达标。

怎么查看自己是否有带货的权限？可以依次选择"我的"—"创作中心"—"创作权益"—"好物推荐"进行查看。

开通好物推荐权限后，创作者就可以在带货文案（回答、文章、视频、直播）里插入产品卡片了。用户购买对应的产品后，创作者就可以获得相应的佣金。

好物推荐的核心是选品，选品决定了市场需求量。

3. 盐选合作

很多朋友刷知乎，刷着刷着就发现看不了后面的内容了，要想看得先成为付费会员。这些需要付费解锁的内容就属于盐选内容。简单来说，盐选是专门服务于付费用户的平台。

前面提到过，内容付费是知乎收入的大头，所以知乎对盐选平台（付费内容）的资金和资源倾斜是很明显的，甚至为此独立开发了一个盐选故事 App。

那么，怎么在盐选平台上赚钱呢？

第一步：申请入驻。

申请入驻盐选平台，创作者等级达到 Lv1 即可，可以说没有门槛。申请入驻的页面如图 3-12 所示。成功入驻盐选平台，不意味着你能马上变现，盐选对于内容质量的要求非常高。

图 3-12

第二步：产出内容，签约盐选。

可以在个人中心直接投稿，如果稿件质量可以，会有编辑联系你签约；也可以在热门问题下面进行故事或小说创作，如果能产出高赞作品，也会有编辑联系你签约。成功签约盐选，你的内容才能变现——平台会将你的内容升级为付费内容，你将享受平台分成。

知乎盐选的变现上限很高，除了平台分成，作品本身的版权也有很高的商业价值。

当然，这些都是后话。写出一篇达到签约水平的文章，对于新人创作者来说比什么都重要。

4. 打赏功能

用户对好内容进行打赏，是很常见的一种变现模式。

开通知乎的打赏权益具有一定的门槛，要求创作者等级达到Lv5。权益开通后，创作者在写回答时可以勾选"开启赞赏"选项，即允许用户对当前回答给予现金打赏。

知乎平台限制了单人最高打赏金额为500元，不过这么高的金额比较罕见，除非文章质量奇高无比。大多数时候，用户打赏金额为5~10元，打赏用户数如果非常多，累计收益还是很可观的。

5. 推广合作

推广合作是知乎中门槛较高的一种变现模式，要求创作者等级达到Lv6。

这里不得不提到一个平台——芝士。芝士是知乎创作者和品牌方进行推广合作的商业服务平台，该平台的变现方式多种多样，包括品牌任务、复用任务、招募任务、众测任务、创意任务等。不过这些任务的本质都是品牌推广。

其中比较常见的是品牌任务，具体是指，当创作者在知乎上的各项数据达到一定量级并成为平台KOL后，他会收到品牌方的邀约，产出商业内容并获得广告费。简单来说就是，你有粉丝、有人气，品牌方就会找你帮忙推广。收益从数千元到数十万元都有可能，具体要看创作者的账号权重和品牌预算。当然，创作者可以为自己的广告内容定价，接一口价广告。

招募任务的收益也很可观，它是一种让创作者与品牌方进行推广合作的任务形式。不同的品牌方发起不同的任务，创作者筛选出自己擅长或感兴趣的任务参与，如果产出的内容质量较高，就可以根据有效阅读量获得收益。看你的回答的人越多，你的收益就越高，相当于阅读计费广告。

关于复用任务、众测任务、创意任务等几种变现方式，读者们可以自行了解，平台上均有比较清晰的介绍。尽管每种变现方式的具体操作不一样，但其底层逻辑是一样的，即推广品牌——可能是曝光品牌名，也可能是销售品牌产品。

读到这里，相信很多读者都能深刻感受到：自媒体平台大多时候充当的角色是渠道，曝光的渠道，或者销售的渠道。

知乎的产品丰富度很高，适合各行各业各能力维度的创作者。从这一点上来看，知乎还是蛮不错的。

使用知乎多年，我发现有两类新人创作者尤其适合知乎平台。

一类是选题比较匮乏的创作者。这类创作者想写文章表达自我，但不知道写什么内容。知乎是一个问答社区，选题都是现成的，无须靠创作者的灵感驱动，只要选择自己想回答的问题进行创作即可。

另一类是创作欲比较旺盛的创作者。这类创作者内心想法比较多，渴望表达，但公众号平台每天发文的次数有限，此时知乎无疑是一个很好的选择——不仅每天都有各种问题可以回答，还能做到每隔几小时就更新"题库"，想写多少就写多少。更重要的是，这些问题都是关注度较高的问题，即有基础流量，创作者的回答不会白写，每一篇都能被看见。

对于新人创作者来说，被看见是一件很值得欣慰的事。

第 4 章

适合小白的写作变现平台——今日头条

4.1 今日头条的算法

某位业内人士曾说：字节跳动是一家靠算法支撑起来的公司。

看抖音和今日头条在竞品中的卓越表现，你很难不认同这个观点。字节跳动的创始人张一鸣太懂算法了，或者说他太懂用户想要什么了。下面我们就来聊聊今日头条的算法。

今日头条从 2012 年被开发至今，已经过多个版本的迭代。这说明平台的算法不是一成不变的，它会基于基础公式被不断优化、不断训练，尽可能做到满足用户的需求。

今日头条的算法可以简化成用户对内容满意度的函数：

$$Y=F(X_i, X_u, X_c)$$

估计很多朋友又要说："我做错了什么，为什么又让我看这些头疼的数学公式？"还是那句话，看到公式先不要慌，我们要做的是厘清影响结果的变量有什么——即平台决策内容是否值得被推荐时，考虑的指标有哪些。

- Y：推荐结果。
- X_i：环境特征。
- X_u：用户特征。
- X_c：内容特征。

在这个公式中，影响平台推荐结果（Y）的指标有 3 个，分别是环境特征、用户特征、内容特征。

1. 环境特征

我们身处移动互联网时代，几乎每个人的手机设备都是有定位功能的，也就是说平台可以根据定位推算出使用者的移动轨迹——用户的居住城市、工作地点、活动场所等，然后基于用户的定位和移动轨迹来推荐相关的内容。

比如张三的城市定位突然发生了变化，那么平台会考虑到张三也许正在出差或旅游，于是给他推荐当地的美食、景点、酒店等。

2. 用户特征

用户在注册今日头条时需要身份认证，到这一步，平台对该用户的画像已经有了基础了解——性别是男还是女、年龄多大、来自什么地方等，再根据用户平时的阅读习惯进一步判断他可能喜欢什么内容。按照这个算法，平台会为不同的用户生成不同的画像。

3. 内容特征

这是基于内容维度的判断，因为今日头条上的内容形式很丰富，有短图文、长图文、短视频、长视频等，而在具体的内容领域上还可以细分，比如娱乐、军事、体育、科技等。用户是喜欢看图文，还是喜欢看视频？是喜欢看娱乐新闻，还是喜欢看体育新闻？不同用户对内容形式和内容领域均有自己的偏好，平台会捕捉这些信息。

说到这里，可能很多人会觉得可怕：按照现在算法对用户的入侵程度，它似乎要把一个人完全渗透？这么想也没错，这就是算法时代的特点。不过我们应该从产品的角度去看待，平台对用户而言相当于一个私人管家，私人管家对主人越了解，其服务就越周到。

今日头条根据以上推荐机制为用户匹配内容,如果用户反馈不好,平台就会减少对该类内容的推荐;如果用户反馈良好,平台则会增加对该类内容的推荐,将其分发给更多用户,并让这类内容成为爆款内容,大致路径如图4-1所示。

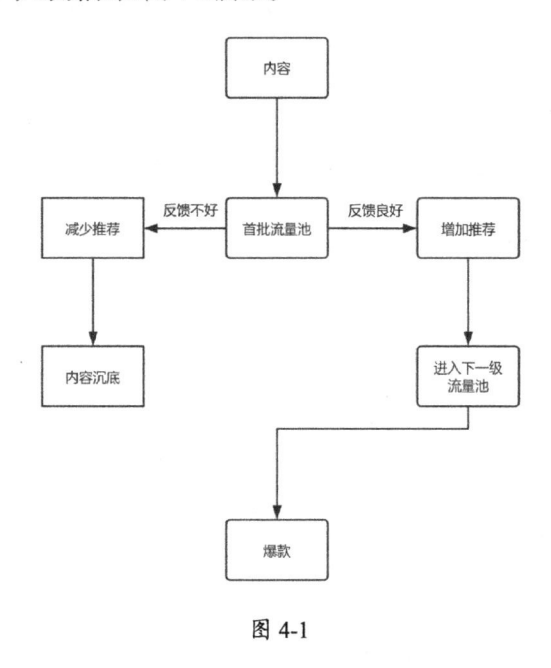

图 4-1

很明显,平台对内容有双向推荐处置权,因此创作者要避免自己产出的内容被平台减少推荐。那么哪些内容,平台会减少推荐呢?这些内容的特点大概如下。

1)用户停留时间短

今日头条上很容易出现"标题党",即部分创作者为了提高打开率,将文章标题起得极其夸张,但文章内容与标题几乎毫无关系。这类文章的用户阅读体验很不好,因此用户停留时间较短。

为了避免一些创作者用"标题党"把用户骗进来,平台一旦监测到用户停留时间很短的内容,就会对其做降权处理。考虑降权和考查完读率有点儿像,如果用户在看一篇文章时快速退出,那么平台有理由判定该文章内容质量不好。

2)用户打开欲望低

文章发布之后,平台会将其推荐给首批用户,根据首批用户的反馈来决定后续的推荐力度,其中很重要的指标就是打开率。举个例子,假如平台将张三写的文章分发给 100 位用户,结果只有两三个人打开查看,那就说明这篇文章对用户没有吸引力,平台自然就不会再将其推荐给其他用户。

3)争议较大

平台有责任对内容进行审核和监管。探讨热门社会事件的文章固然有流量,不过它也具有较大的争议。假如一个社会事件的真相尚未明朗,创作者就贸然进行解读或发表观点,那么很有可能造成舆论误导或引发社会矛盾。今日头条对这类内容的审核是十分严格的,如果遇到有争议的内容或创作者的价值取向不符合主流价值观的内容,就会减少推荐,甚至判定内容违规。因此,不要盲目追逐流量。

4)无价值

简单来说就是文章既无干货输出,又无价值观输出,单纯是些无用的口水话,给不了用户任何获得感。比如,张三评论某新闻事件时只是将其用自己的话改写了一遍,用户会有"听君一席话,如听一席话"的感觉。再比如,李四分享了半天,结果只讲了自己吃饭、睡觉的流水账经过。这类内容通常会被判定为无价值的内容。

5）容易违规

任何违反公序良俗、人伦道德的内容，比如低俗色情内容、血腥暴力内容、造谣抹黑内容等，都属于容易违规的内容。平台会减少对这类内容的推荐，或者直接对其进行违规处理。创作者有传播正向价值的义务和责任，不能用文字污染人心。

站在创作者的角度，我们应该知道平台需要什么样的好内容，也应该清楚平台会打击哪类低质量内容。

根据函数公式，创作者应该从3个维度提升内容质量——首先是内容维度，内容一定要垂直，这样它才会被分发给对应的用户；其次是用户维度，创作时要考虑目标用户，你的内容大概什么年龄段的人喜欢，什么职业的人需要；最后是环境维度，人们在通勤、上班、吃饭、旅游等各个场景下会分别倾向于看什么资讯等。上述维度都应该纳入内容创作的考虑范畴。

在平台上做内容，本质就是研究内容如何更好地匹配平台用户。

根据今日头条减少推荐的5种内容类型，我们应该对自己的内容有更高的要求，在合法合规的情况下输出有用的干货知识，输出正向价值观，输出对用户有用的内容。内容要符合用户的利益。

4.2 今日头条的入驻与运营

摸清今日头条的推荐算法后，就可以入驻平台并运营账号了。

第 4 章 适合小白的写作变现平台——今日头条

首先,我们需要注册一个今日头条账号。注册个人媒体方向的今日头条账号较为简单,注册的方式可以是手机号注册、电子邮箱注册或其他社交媒体账号注册,我个人推荐用手机号注册,方便日后进行其他操作。

注册账号需要完善的信息无非就是头像、用户名、简介等,较为简单,和其他自媒体平台差不多,这里就不再赘述了。

注意,用户名和头像不能假冒他人、不能假冒第三方品牌、不能假冒新闻媒体和国家机构、不能涉及国家领导人,也不能含有"今日"和"头条"等关键词,否则容易被用户误认为是今日头条官方账号。简单来说,用户名和头像应尽量避免"山寨",以免对他人造成误导。

比如张三弄了一个和今日头条官方账号差不多的头像,起名为"明日头条"或"前日头条",这种方式对于吸引关注可能是有效的,不过是不被平台允许的,可能涉嫌假冒官方账号。再比如李四起名"吴彦祖本人账号"也是不行的,这就有假冒他人的风险,如果只是为了"玩梗",可以起类似于"广州吴彦祖"这样的名称。

关于账号简介,要注意以下几点。

- 不得包含网站链接、邮箱地址或其他私人联系方式。
- 不得出现营销推广信息。
- 不得包含低俗、消极、敏感的不合规信息。
- 个人账号简介不能采用官方机构描述,以免被误认为是新闻媒体、国家机构等官方账号。
- 不得包含涉及时政、军事(不包括装备武器)等领域的信息。

从这些要求中可以看出，今日头条平台对于借他人名义获利行为的打击是非常严厉的。当然，如果创作者没有这方面的想法，基本就不用太在意这些要求。

完善基础信息之后，有一个非常重要的步骤，就是"头条认证"，如图 4-2 所示。其中包含很多方面的认证，作为个人账号，基本可以忽略组织认证相关内容。

图 4-2

（1）实名认证：这是最基础的，即认证个人身份信息，证明账号的持有人是你。为什么实名认证很有必要呢？因为这是进行其他认证的前提，而且经过实名认证后可以解锁更多平台功能，比如直播、收益提现等。

（2）职业认证：职业认证可以视作一种背书，对平台的背书，对用户的背书。职业认证方向应和账号内容规划一致或部分重合，这样才能发挥作用。假如张三发布的是娱乐八卦，但其职业认证为体育教师，两者八竿子打不到一起，职业认证也没有什么意义。

（3）兴趣认证：今日头条中的兴趣领域包括生活、vlog、美食、情感、旅游、时尚、育儿、心理、娱乐、游戏、影视、搞笑、宠物、动漫、综艺、教育、历史、文化、科技、财经、汽车、数码、少儿、房产、科学、体育、音乐、摄影、健身、垂钓、广场舞、设计、舞蹈、三农、职场、本地资讯等，可以看到，今日头条在内容细分上做得很好，基本覆盖所有的领域。兴趣认证是对一个账号垂直内容能力的认证，也是平台用于对内容进行推荐的识别标签。建议大家都进行兴趣认证，这对一个账号的流量和商业价值提升帮助很大。当然，兴趣认证是有门槛的——今日头条和西瓜视频粉丝量大于等于1000；近30天内发布内容数量大于等于5；近30天内文章的平均阅读量（视频的平均播放量）大于等于5000。

（4）其他证明：首先是创作能力证明，如果你在其他平台有不错的粉丝量，则可以关联其他平台账号，证明自己有较强的创作能力，进而获得今日头条的推荐；另外是财经/健康资质证明，和职业认证类似，即证明你在某个领域具有专业知识。

我们要完成上述相关认证的作用在于：提升账号的专业背书，提高平台推荐的精准度。

基础信息填写和头条认证完成之后，账号就算注册成功了，接下来要做一件非常重要的事，就是尽快拿到原创权限。

可能有人要问，为什么要拿到原创权限，很多平台对于是否原创并没有特别的要求啊？

的确如此，但是在今日头条上，原创很重要，这将直接关系到创作者后续的收益和平台推荐——文章、回答、视频，如果没有原创声明，创作者是无法获得收益的；同时，平台对于原创内容的推荐机制要优于非原创内容。很好理解，如果原创内容和非原创内容的待遇一样，那么就会催生大量的搬运内容，对于内容环境和知识产权有百害而无一利。

在今日头条开通原创权限需要满足以下条件。

- 开通头条账号满 30 天。
- 账号类型为个人、群媒体、新闻媒体、企业。
- 发布内容中原创比例超过 70%。
- 最近 30 天内发布文章超过 10 篇（发布视频超过 3 个）。
- 最近 30 天内无原创标签审核记录。
- 无违规处罚情况。

以上是基础要求，但并非绝对要求。如果创作者表现得较好，也许可以提前拿到原创权限。

为了更快拿到原创权限，这里给大家两个有效的执行策略：一是提高原创度，虽然官方要求原创内容比例超过 70%即可，但我们可以把这个比例提高，多发布原创内容；二是提高更新频率，平台要求 30 天内发布文章超过 10 篇，我们可以把发布文章的数量提上去，加快拿到原创权限的速度。拿到原创权限，等同于拿到更多的收益路径和平台流量。

在第 2 章中，我们提到过"账号权重"这一概念，指的是平台对于一个账号的评价。在今日头条上，平台会通过基础信息、个人身份认证、内容原创度等指标，给予一个账号相应的权重。

不难看出，虽然平台不同，但所有平台几乎都有着相同的希望：希望创作者尽可能完善资料，具备专业知识和内容原创能力。

4.3　今日头条爆款文章写作：选题策略

翻看"90后"或"00后"的手机，是很难找到今日头条App的。这和今日头条的用户群有关。

最近几年，今日头条的用户画像趋于稳定，男性用户明显多于女性用户，35岁以上的用户居多，且大部分用户分布在二三四线城市。打开今日头条主页，从内容分类、排版风格、字体大小上，基本能推测出其受众人群，同时能了解哪些内容更受用户欢迎。

今日头条的用户特征和内容特征可以归纳如下。

- 中年男性用户较多。
- 垂直领域的内容，如娱乐、地产、数码、财经、科技、社会等领域的内容比较受欢迎。
- 篇幅不宜过长，1000~3000字的内容较为常见。
- 表述直接，通俗易懂。

了解一个平台的用户特征及内容特征，便于创作者更好地匹配用户需求，对于产出爆款内容有正面的帮助。

你要问我在今日头条上做什么选题最容易产出爆款，我几乎可以不假思索地回答,是"热点",即各个领域的热点话题。

今日头条最初的 slogan 是"你关心的,才是头条",后来改成"信息创造价值",再后来又改成"看见更大的世界"。无论哪个 slogan,其平台核心服务都是提供新鲜的资讯。使用今日头条的用户,大部分关注的也是各个领域的热点话题,所以今日头条中最有爆款潜质的选题自然是"热点"。

此外还需要明确,虽然在今日头条上做热点选题很有优势,不过如果能找到技巧,那么即使做非热点选题也可以冲击爆款。今日头条的选题策略如图 4-3 所示。

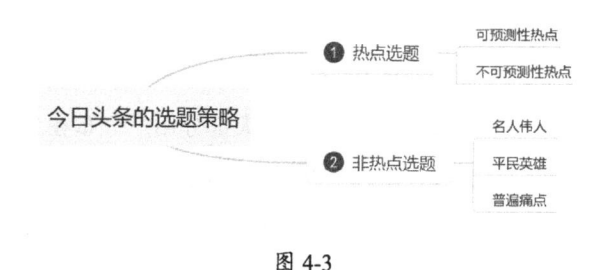

图 4-3

1. 热点选题

我们通常把热点选题分为可预测性热点选题和不可预测性热点选题两类。

可预测性热点选题很好理解,就是那些必然会发生的且会成为热点的社会话题,比如"3 天后巴黎奥运会将正式开幕,有哪些值得期待的比赛"。关于这类选题,创作者可以提前准备好内容,在事件发生当天发布。

不可预测性热点选题,往往对应的是社会上的各类突发热点新闻事件。那该怎么知道这类新闻事件呢？又该怎么判断该事件算不算热点事件，能不能写呢？

找到热点的途径有：微博热搜排行榜、知乎热榜、抖音热榜、百度搜索风云榜、今日头条热门事件/飙升事件榜，等等。如果某个事件出现在至少3个上述榜单中，那么基本能判定该事件为热点事件，接下来应进一步分析能不能围绕该事件产出内容，有没有好的切入点。

为什么要思考能不能写，有没有好的切入点呢？难道热点不都应该追吗？这可是巨大的流量啊！

其实不然！我们做内容的人，心里时刻要有一杆秤——学会衡量内容的价值。之前我也强调过，一些争议较大的、真相尚未查明的、舆论极度敏感的事件，尽量不要去碰，因为这不仅有可能导致误判，还有可能激化社会矛盾。创作者有责任把好内容导向关，为用户营造良好的阅读环境。

针对热点选题的写作方法，我总结了"追热点基本法"，如图4-4所示。

追热点基本法
❶ 整合复述
❷ 同类对比
❸ 联想发散
❹ 以小见大

图4-4

1）整合复述

这是热点选题最常见、最基础的写法——整合各大新闻媒体的信息，全面且"理中客"地把热点事件复述一遍，由于引用的都是官方媒体的信息，来源比较安全，因此不会有太大的争议。然而，这种写法不太容易涨粉，因为没有太多的个人观点输出，无法展示创作者的思想价值。

2）同类对比

将刚引起热议的 A 事件（人物）和以往与之情况类似的 B 事件（人物）进行对比，对比两者在同样的情况下各自有什么不同的表现，差别在哪里，凸显了什么问题。

比如写娱乐稿件时，很多爆款文章都是拿新生代演员和老戏骨对比的。很多年轻演员拍戏擦破点儿皮、流了点儿血就大惊小怪，反观那些成功的老戏骨，他们在同样的年纪能做到打戏亲力亲为，摔得满身淤青都不喊停，敬业程度完全不同。有对比、有参照，用户读起来会更容易理解，也更容易感同身受。

3）联想发散

对热点事件本身不进行深究，而是借此进行联想发散，通过输出观点来引发共鸣。

比如某企业家为了追逐风口而创业失败，你可以借此聊聊普通人应该怎么创业，给出轻资产入局、规避风险、找到技巧提高成功率等建议。使用这种写法，既可以避免在评论未定性的社会事件时对大众造成误导，又可以保留文章的价值。

4）以小见大

从一个点扩展到整个面，从一件事挖掘出其背后的社会现象。

比如某个知名餐饮品牌违规使用地沟油，你可以以这件事为引子深扒整个餐饮行业的用油卫生问题，以及地沟油背后的利益链。这种写法更有看头，可以满足用户的猎奇心理，激发用户的正义感。同时，从一个点扩展到整个面，文章立意也更加高远。

无论以哪种写法去追热点，底线是必须要守住的。在进行今日头条内容创作时，应该做到以下"四不"。

- 不捏造事实。
- 不煽动对立。
- 不激化矛盾。
- 不进行不良引导。

简单来说，内容创作者所扮演的角色应该是社会秩序的维护者。

2. 非热点选题

今日头条上经常出现一些非热点选题的爆款文章，这说明虽然热点选题天生带有流量，有冲击爆款的基因，但是只要选题足够好、内容足够扎实，非热点选题也能成就爆款。

常见的非热点选题方向如图 4-5 所示。

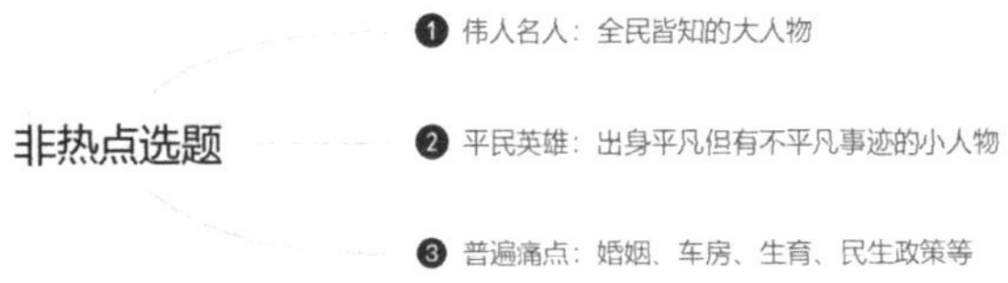

非热点选题
- ❶ 伟人名人：全民皆知的大人物
- ❷ 平民英雄：出身平凡但有不平凡事迹的小人物
- ❸ 普遍痛点：婚姻、车房、生育、民生政策等

图 4-5

1)伟人名人

无论是在浩荡的历史长河中,还是在当代滚滚洪流下,伟人名人都在不停涌现——在文学方面,你可以写唐朝的李白和杜甫,也可以写如今火到出圈的莫言与余华;在政治方面,你可以写野心勃勃的成吉思汗和朱元璋,也可以写在腐朽社会中寻找光亮的康有为和梁启超。

写有关名人伟人的选题,好处是,大部分用户都认识这些人,能保证文章的基础流量,且名人伟人身上可发掘的故事和品质很多,有比较大的发挥空间。

2)平民英雄

尽管人类社会一直在变,但人们对于美好品质的追求是永恒不变的。我们写平民英雄,本质是写他们平凡人生的不平凡之举,写他们身上可贵的精神品质。比如,南京见义勇为的胖哥,因为见义勇为身负重伤,余生不得不挂着一个尿袋生活,但他依旧积极向上,成立了基金会,将收到的捐款(加上个人资金)奉献出去,帮助有先天性疾病的宝宝。本是普通人,却有如此大爱,这样的故事无论在什么时候都值得歌颂和赞扬。

3)普遍痛点

我们生活在同一个社会,遇到的很多问题都是共性问题。比如婚姻里的一地鸡毛、35岁的职场困境、农村家庭的养老问题,等等。因为彼此都会遇到,个中滋味大家都懂,所以更容易产生共鸣。

今日头条是资讯平台,非常重视时效性,因此创作时放弃热点选题几乎是不可能的,放弃热点选题约等于放弃70%的流量。所以我的个人建议是，在能追热点的情况下，尽可能选择热点选题，在没有热点事件发生的时间里，写写上述非热点但有流量的选题。

无论是否追热点，在今日头条上输出内容时都有一个有效的基本准则——给用户带来信息增量。

应该怎么理解这句话呢？其实就是创作者的内容要为用户提供有用的信息——新的知识、新的感悟、新的价值观，让用户有获得感。如果一篇文章看下来，和没看没区别，用户满怀期待点进来，骂骂咧咧退出去，那么这样的文章就没有带来信息增量。

内容和用户之间的作用是正相关的，好内容能打动用户，用户会推荐好内容，实现双赢；质量堪忧的内容使用户观感不好，用户不推荐，文章会"沉底"，最终双输。基于这一点，我们在内容创作上一定要认真，情感与技巧并重，对内容要有一颗敬畏之心。

4.4 今日头条爆款文章写作：标题和封面策略

你这么会起标题，你是某某头条震惊部出来的吧——在日常生活中，我们大概率听到过类似的调侃。不过调侃归调侃，从中我们不难看出自媒体资讯平台中标题的重要性。

1. 标题策略

打开今日头条 App，第一时间闯进我们视线的就是各种各样的标题和封面，这些标题和封面决定了用户是饶有兴趣地点进来，还是眼睛眨都不眨地划过去。

要想在今日头条上起好标题,就要先摸透它的标题规则——今日头条的文章标题是有字数限制的,目前不得超过 60 字(可能会随着版本更新而变化),且不能出现极度夸张、色情、血腥、暴力、政治等方面的敏感文字,同时不能加入表情包等复杂的字符。

歌德说,创作是戴着镣铐跳舞。这句话在自媒体创作环境下同样适用,我们需要在规则允许的情况下想出好标题。

根据今日头条的规则,以及大量稿件的数据反馈来看,标题在结构上应该做到以下几点。

- 控制字数,尽量为 22~28 字。
- 短句效果更好,用逗号和顿号来断句,增加标题的语言节奏和信息量。
- 关键词前置,第一时间抓取用户注意力。
- 结构完整,句子使用因果关系、转折关系、并列关系、递进关系等。

今日头条标题的万能公式如图 4-6 所示。

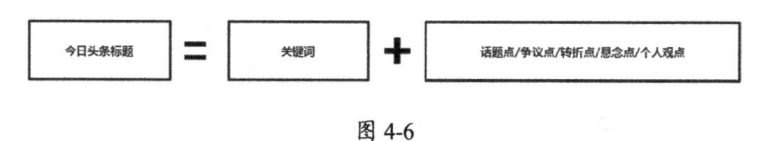

今日头条标题 = 关键词 + 话题点/争议点/转折点/悬念点/个人观点

图 4-6

怎么样,是不是看着还挺简单?

其实今日头条的标题结构本身就不复杂,在有限的表达框架里,结构是否简单并非重点,内容奏效就行。在这个公式里,最重要的是前置的关键词,其次是后半部分的补充说明,我们逐一介绍。

（1）关键词：自带打开率的词汇，通常是指热点选题中的某个人物、某个社会事件、某种社会现象，比如在2022年北京冬奥会中，谷爱凌表现极为抢眼，个人拿下2枚金牌和1枚银牌，屡屡冲上热搜榜，那么"谷爱凌"就是关键词。

（2）补充说明：该部分用于说明话题点、争议点、转折点、悬念点或个人观点，主要是为关键词服务的。关键词用于留住用户，而补充说明部分则告诉用户为什么这篇文章值得看。依旧以谷爱凌为例，她不仅拿了金牌，还在学习上十分优秀，很多人都好奇她是怎么做到这么优秀的，那么相应的文章标题就可以这么起：谷爱凌又上热搜，冬奥会夺金，名牌大学抢着要，她到底做对了什么？

关键词+补充说明，两者哪个在前哪个在后，要视具体情况而定。可以肯定的是，这是很常见、很奏效的标题策略，但不是唯一的标题策略，创作者可以自己总结归纳。

另外，起标题还要提防陷入雷区。

曾经有位长辈，因为退休在家闲来无事，所以看起了今日头条，并开始研究怎么做。他专写各种历史人物，可发了两三个月文章，也没有太大水花。刚好他知道我是从事这行的，于是把他的文章拿来给我看，我看了告诉他：您再发几年也没有效果——他写杜月笙，起的标题是《杜月笙的传奇人生》，写苏轼，起的标题是《苏轼轶事》。

这些标题放在传统文学杂志或图书里，自然是没有问题的，但自媒体平台不同，它讲究的是信息强度和密度。我们拿杜月笙举例，他的人生曲折离奇，打小出身贫寒，是个"街溜子"，接着去了上海，从刷马桶做起，慢慢习得手艺，懂得为人处世，再后来加入青帮，越混越好，他为人仗义疏财、乐善好施，还帮助工人、支持抗日、捐钱捐物，成为一个传奇黑帮大佬。从中提炼出关键词进行组合，就能形成各种打开率更高的标题，比如：

- 当流氓，混黑帮，爱赌博，为啥却让人人崇拜？
- 杜月笙：从刷马桶到黑帮老大，再到抗日英雄，剧本都不敢这么写……

放在自媒体平台上，这两个标题的打开率和趣味性，显然要比原标题《杜月笙的传奇人生》高得多。

总结一下，今日头条的标题在做到简单直白、语意明确、勾起打开欲望之余，还要注意避开雷区，如图4-7所示。

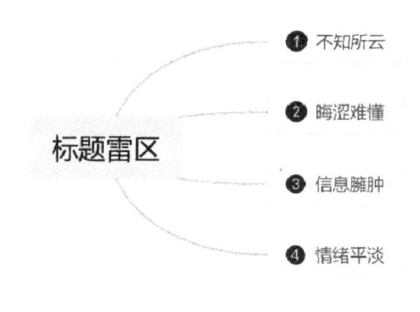

标题雷区
1. 不知所云
2. 晦涩难懂
3. 信息臃肿
4. 情绪平淡

图 4-7

（1）不知所云：很多爱看散文的人，就爱起一些很隐晦、很有禅意的标题，比如《夜游》《听风》等，这类标题放在自媒体平台上最大的问题是，用户看后可能一头雾水，不知所云。自媒体文章不同于散文，用户在查看时往往匆匆而过，如果无法第一时间从标题中获得有用信息，他们是很难提起兴趣的。

（2）晦涩难懂：碎片化阅读最佳的表达方式是大白话，也就是

"说人话"，最忌讳的是堆砌书面语、文言文、古诗词等晦涩难懂的文字。举个例子，张三聊到"灵魂伴侣"这个话题时，起了一个标题叫《知我者谓我心忧，不知我者谓我何求》，这个标题是挺有文化的，但是太过晦涩，不适合出现在自媒体平台上。

（3）信息臃肿：今日头条的标题需要关键词，需要信息强度和密度，但这并不代表往里面塞的信息越多越好——标题中的信息太满、太臃肿，用户注意力将被分散，用户将无法抓住重点，可能会适得其反。关键词不用太多，有一两个就足够。

（4）情绪平淡：好的标题应该是有情绪的。标题就是创作者对用户说的第一句话，应该让用户感受到情绪，是喜还是悲，是愤怒还是惊叹……前面的例子《杜月笙：从刷马桶到黑帮老大，再到抗日英雄，剧本都不敢这么写……》明显能让用户感受到创作者对杜月笙传奇经历的感叹，假设你换一种平淡的口吻去描述，如《杜月笙的人生经历：刷马桶，加入黑帮，支持抗日》，就会变得没有太大的情绪起伏，用户的打开欲望也会骤降。

洞察规则，避开雷区，便于我们给出合法合规的标题。

2. 封面策略

很多人容易忽略封面的作用，而选择随意配图。实际上，对于今日头条的展示位而言，标题和封面是两大信息源，好的封面甚至比标题更能抢夺用户的注意力。从流量增长的角度来说，封面很值得创作者投入时间去运营。

选择封面的标准是什么呢？封面最为重要的是故事感。图片的故事感指的是：图片是有语言、有表达、有情节的。

举个例子，一张图片中有个人在空白背景下面无表情地站着，很显然，它的镜头语言有限；但如果图片中的人在一个破旧的砖房前面无表情地站着，其镜头语言就丰富起来了——破旧的房子，让用户下意识地觉得图片中的这个人可能经济条件不太好，面无表情可能是因为他被生活挤压到麻木，整张图片传递的感情色彩是阴暗惨淡的，这就是图片传递的故事感。

故事感能快速让用户产生情感波动。比如，图片中，病人浑身插满管子躺在床上，我们可能会觉得同情；图片中，几辆车相撞，被毁得不成样子，我们可能会觉得可怕；图片中，景区满地都是垃圾，我们可能会觉得愤怒。这就是故事感带给用户的情感波动。而如果图片中是一个明星的写真，是一片绿色的草地，是一辆白色的豪车，或者是一张褐色的沙发，用户看了以后会有什么情感波动吗？我觉得很难，至少很难想象出具体的画面。这就是没有故事感的图片，用它当封面对增加文章的打开率没有什么实际作用。

创作者在选封面时可以挑一挑，首先要跟内容相关，其次要有故事感，而不是随便选择一张风景图或壁纸。

此外，在选择今日头条的封面时还应遵循以下几个原则。

- 不要图文无关。
- 配图与文章风格统一。
- 不要使用低俗图片（难过审）。
- 图片中不带其他平台的 Logo 或水印（显得内容是搬运的）。
- 有图要好于无图。

- 尽量透露出更多的文章信息。
- 不要使用表情包和网络壁纸。
- 图片足够清晰。

在这里希望各位创作者能意识到今日头条封面的重要性,从功能上看,它完全不同于公众号文章和知乎回答的配图,反而有点儿像小红书笔记的封面,对于内容打开率有着举足轻重的作用。

大家是不是没想到,一个标题、一个封面,还能有这么多说法?这就是自媒体平台有意思的地方:每个细节都影响着流量的走向。

4.5 今日头条爆款文章写作:内容和互动策略

把今日头条的选题和标题放在前面讲,是因为今日头条文章的写法和公众号非常像,同样需要抛出一个主题来表明观点,然后利用大量的事例和素材来论证观点的正确性,以打动用户。

但两者自然也有差异之处——公众号的流量来源主要是私域,在这种情况下,用户认可一个账号产出的内容(包括账号类型、调性、文风等)才会关注这个账号,创作者只需要持续做自己就行,本质是一个双向选择最终留存的过程;而今日头条则更像一个公域平台,大部分流量来自平台算法的推荐,创作者每次发的文章,几乎都会被投放给一批新的用户,因此必须考虑内容的普适性。

那么,到底什么样的内容才是大部分用户都能接受的呢?

1. 内容策略

前面着重提到，标题一定要尽可能用白话描述，即"说人话"、说重点，其实正文内容也如此。

在实际生活中，用户的受教育程度不同，有的人初中毕业，有的人博士毕业；阅读爱好也不同，有的人爱看小说，有的人爱看纪实。那么如何能让内容尽可能满足每个用户的诉求呢？

很简单，那就是"说人话"，像日常对话那样去写文章。口语化的表达是阅读的最低门槛，也是最容易被各个用户群体所接受的。今日头条的内容技巧如图 4-8 所示。

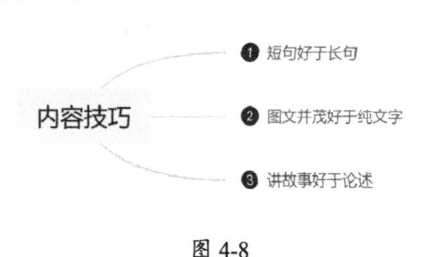

内容技巧
- ❶ 短句好于长句
- ❷ 图文并茂好于纯文字
- ❸ 讲故事好于论述

图 4-8

（1）短句好于长句：阅读应该是享受，而不是负担。大段的文字，以及好几十字的长句，会大大增加阅读难度，用户看着都累，显然不适合被投放在碎片化阅读平台。想要做到易读、无压力阅读，句子应尽量简短，10 字以内最佳，尽量不超过 20 字。

（2）图文并茂好于纯文字：纯文字相当于把一个人的注意力放在文字海洋里，读多了容易疲劳。在图文相关的前提下，图片的作用是很大的，一方面可以让表达更形象生动，另一方面可以缓解用户的阅读疲劳。

（3）讲故事好于论述：内容最好的传播形式是故事，影视作品如此，文学作品如此，品牌宣传亦如此。为什么学术论文很难在阅读市场上流通？就是因为它不易读。论述性的内容不利于在自媒体平台上抓住用户的注意力。

此外，在内容排版上也可以用两个技巧，具体如下。

（1）序号：今日头条的正文字数普遍为1000~3000字，虽说不多，但对于习惯了碎片化阅读方式的现代人来说，一口气读完这么多字还是有些许难度的。我们可以在一篇文章中用序号去分段，第一段讲什么、第二段讲什么、第三段讲什么，每段字数为500~700字，这样阅读起来就没什么负担了。除了把内容切割成更易读的小块，序号还起到"进度条"的作用，用户读到第几个序号，就知道自己还剩多少内容没读，这些都是微小但有用的加分项。

（2）加粗：我们看书、看报纸、看杂志时，很难看到一行文字被加粗，其实，重点字句加粗是自媒体时代的产物。在文章中，将数据、观点、金句等加粗处理，能让用户更容易留意到重点信息，在阅读上做到更高效、更精准。对于高效和精准的追求，反映出了现代人对于信息接受的标准——能否在短时间内获得有用的信息。

除了在内容排版上下功夫，还要注意在文章中添加情感体验，如图4-9所示。

（1）获得感：人在什么时候会有获得感？获得新的知识和认知，或者解除疑惑的时候——所以我们可以在文章开头制造好奇感、匮乏感，在文章结尾再给出答案，给用户带来获得感。

（2）正义感：大部分人的内心都是崇尚正义又讨厌邪恶的，遇到弱小想要伸出援手,遇到坏人会不由得愤怒——在围绕某些社会事件写文章时,我们不妨多花笔墨去唤醒用户内心的正义感。

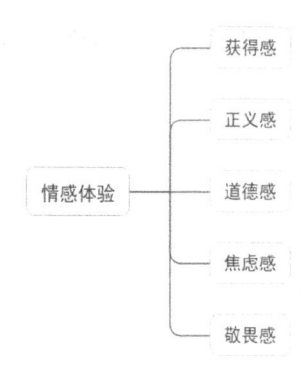

```
                ┌── 获得感
                │
                ├── 正义感
                │
  情感体验 ─────┼── 道德感
                │
                ├── 焦虑感
                │
                └── 敬畏感
```

图 4-9

（3）道德感：文明社会中的人都会对自己或他人的行为有一套社会评价体系,也就是道德标准。对于违背道德标准的行为,我们会厌恶、会抗拒、会制止；对于符合道德标准的行为,我们会认可、会提倡、会宣扬——在写文章时要符合普世价值观的道德标准。

（4）焦虑感：对于自己的未来或者和自己利益相关的事,每个人都会关注,当个人利益可能受到损害时,人们就会感到焦虑——可以适当在文章中制造焦虑感,抓住用户的注意力。

（5）敬畏感：人们对于一些神圣的事物,比如大自然、高尚品质、法律法规等会有敬畏感——可以适当在文章中重笔墨描绘这些神圣事物,让用户产生敬畏感。

创作者在写文章的时候,无论刻意去铺设和引导哪种情感体验,最终都不能忘了：要输出正向价值观,引导用户向上。

2. 互动策略

很多品牌方在投放广告时都会提出一个要求：找用户黏性好的账号。那么，什么是用户黏性好呢？

在某种程度上，互动量就是对用户黏性的量化。你的文章发出去，点赞数如何、分享数如何、评论数如何，如果这些数据都很高，则说明你的账号互动好，用户黏性也好。如果文章发出去，点赞数、分享数、评论数都寥寥无几，则说明用户黏性不好。

品牌方关注这些数据的根本原因是希望自己花钱买回来的曝光是有效的——被真人用户看到，被精准用户看到。

好的互动不仅有助于提高账号的商业价值，对内容的扩散也有很大的帮助。互动好，平台倾向于认为内容好，从而给予推荐；互动不好，平台倾向于认为内容不好，从而减少推荐，然后内容沉底。所以，作为创作者，要学会如何引导用户互动。

如图4-10所示，引导互动的技巧有以下几种。

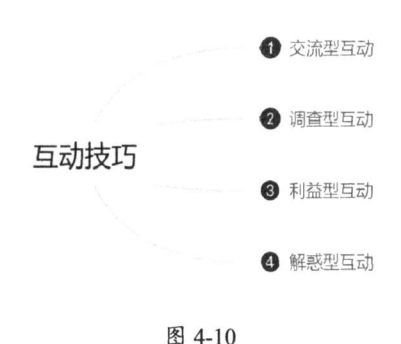

互动技巧
❶ 交流型互动
❷ 调查型互动
❸ 利益型互动
❹ 解惑型互动

图 4-10

（1）交流型互动：对于同一事件，立场和经历不同的人，可能会持不同的看法。我们时常在一些文章的评论区看到人们激烈讨论，甚至争论。没办法,世界是多元的,人的想法是复杂的。所以,创作者在文章末尾表明自己立场的同时,要鼓励用户说出不一样的看法,以有效引导互动。

(2)调查型互动:前不久我刷到一个极其简单的帖子,内容就是向网友发问"大学时每个月的生活费是多少",评论已经达到上万条,这就是调查型互动的典型例子。调查型互动中的问题应尽可能覆盖绝大多数人,也就是围绕几乎每个人都有机会经历的事来提问,比如"童年印象最深刻的零食是什么""最喜欢的中国演员是谁",如果你上来就问"我刚买了辆保时捷,请问大家都开哪款保时捷",那么别人会很难回答,也就很难引导互动。

(3)利益型互动:简单来说就是用转发抽奖,或者评论点赞赠送小礼品等方式来促使用户参与互动,毕竟利益是最直接的。

(4)解惑型互动:在一些情感类文章中经常能看到该类型的互动,比如"自己和丈夫冷战了应该怎么办""自己和妻子吵架了应该怎么办""自己和婆婆老是有矛盾应该怎么破解"等。这种互动是双向的,可以是创作者提出自己的疑惑,希望用户给出建议,也可以是创作者站在比较专业的角度去解答用户的问题。

无论哪种类型的互动,都应该被视为内容的延伸,两者要有相关性。比如,你不能在文章里写时事评论,在文末却问大家中午吃什么。这种八竿子打不着的互动对提高用户黏性并没有帮助。

4.6 今日头条涨粉

平台粉丝的重要性不言而喻,可每个平台的涨粉落在具体的执行上又总是不太一样。

我们先来看看，在今日头条上，一个用户对一个账号产生关注行为，要经过怎样的过程，如图4-11所示。

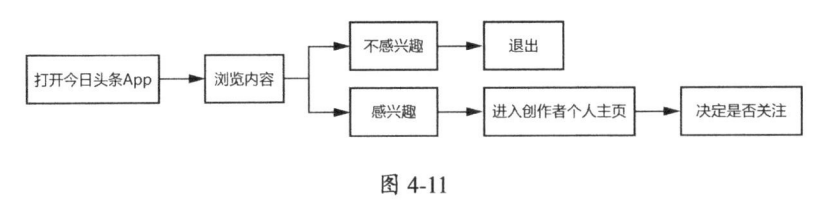

图4-11

第一步是打开今日头条App，第二步是浏览内容，如头条文章、微头条或视频，如果对内容不感兴趣则直接退出，如果对内容感兴趣则来到第三步，进入创作者个人主页，浏览创作者的其他内容和个人简介，接着到第四步，根据感受决定是否关注创作者。

使用今日头条的朋友应该能发现，其实在头条文章或微头条顶部就有作者的头像和关注按钮，如果用户对内容感兴趣，那他会不会直接关注创作者呢？

不排除有这种情况，但可能性不大。用户产生关注行为需要一定的决策过程，用户浏览今日头条文章时心理活动可能是这样的——哎哟，这篇文章不错，看看其他内容怎么样。咦，好像有几篇文章写得都不错，作者也蛮有意思的，关注一下吧！用户的关注过程可以简化为，先看到创作者的某条内容，再进入主页，看到其个人资料和更多其他内容。

根据上述过程，涨粉的思路就更加具象化了。任何能促使用户完成该过程的操作，都有利于涨粉，如图4-12所示。

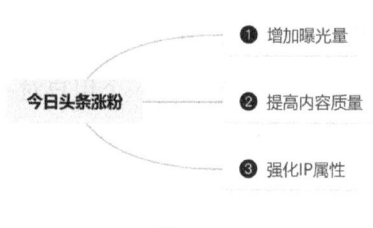

```
今日头条涨粉 ─┬─ ❶ 增加曝光量
              ├─ ❷ 提高内容质量
              └─ ❸ 强化IP属性
```

图 4-12

1. 增加曝光量

对于创作者来说，曝光量意味着一切。文章获得足够高的曝光量，创作者才会被用户发现；相反地，没有足够高的曝光量，好的内容可能无法被传播出去，最终石沉大海。在今日头条上增加曝光量的有效办法如下。

1）保证持续更新

我们不妨来做一道算术题——张三花一个月时间，呕心沥血地写了一篇文章，投放效果很好，带来了10多万次的曝光量（这是运气好的情况），李四在一篇文章上投入的时间没这么多，但他更新很勤，每个月30篇打底，每篇的曝光量大概1万次左右。总体算下来，谁的曝光量更高呢？当然是李四。

根据业内人士计算，平均每1万次曝光量会增加10个粉丝，虽然该数据并非官方数据，但按我的经验来看也大差不差。按照这个数据估算，两个人写到最后，李四的粉丝无疑比张三更多。

这里并不是让大家为了更新而更新，完全忽略内容质量，而是想告诉大家——在内容质量相差无几的情况下，持续更新会带来更稳定、更可观的曝光量，同时能给平台留下账号活跃的好印象。

2）多运营微头条和悟空问答

微头条主打短平快，通常是简单的文字+配图，有很灵活的内容形式，可以发简练犀利的感悟，可以发轻松诙谐的日常生活，也可以搞抽奖活动让用户多参与、多转发。由于微头条是一种类似于朋友圈的平台，其中的内容阅读起来不费劲，又能展示创作者的性格，因此对于增加曝光量和转化粉丝，效果都不错。

今日头条上的悟空问答类似于知乎问答，里面有各种问题，创作者可以花些时间和精力去回答里面的问题，输出干货，输出观点，进行自我曝光。不同于头条文章和微头条，优质的问答会被反复推荐到首页，曝光具有长尾效应。

3）借助大V和热门文章的势能

直白点儿说，就是蹭流量。

新人创作者要尽量关注一些数据好的大V，在他们发文的第一时间去抢评论。很多用户有翻评论区的习惯，如果你的评论足够好，就能吸引到对方。通常情况下，你的评论越有思考价值，获得的点赞数就越多，用户通过你的头像进入你主页查看的概率也越大。非常不建议去评论区发"第一"或者"沙发"这类评论，除了显得自己像个水军[1]，起不到任何作用。

对待热门文章，操作也是一样的。如果一篇文章的数据增长很快，则说明它已经进入大的流量池，曝光量会持续增长，这时去评论区"刷脸"也能起到相似的效果。

---

[1] 水军，网络用语，指在网络中针对特定内容发布特定信息的、被雇佣的网络写手。他们伪装成普通网民或消费者，通过发布、回复和传播网络内容等对正常用户产生影响。

2. 提高内容质量

提这个似乎是废话,我们多次强调,必须不断优化内容质量,这是每个创作者终其一生都应该做的事。内容质量高,用户进入创作者主页的概率也大。具体做法前面讲过,这里不再赘述。

3. 强化IP属性

IP的作用是,它能把一个更立体的创作者形象呈现到用户面前,让用户感受到创作者的个性与才华。尽管IP人设多种多样,但毋庸置疑的是,大众总偏爱那些有血有肉、有棱有角的人,而不是网络上一个冰冷的符号。所以更强的IP属性意味着更有记忆点,能让用户记住你、关注你。强化IP属性的方法有以下3种。

1)包装个人简介

大部分用户在关注一个账号前,都会浏览创作者的主页,所以,个人简介怎么写很重要。简单的姓谁名谁没有什么辨识度,用户大概率不会为此停留。这里推荐大家遵循两个基本方向:要么严肃且专业,要么调皮且风趣。

拿我自己举例,要想呈现一个严肃且专业的个人简介,关键信息应该是"某大号前主编""资深写作导师""让5000+写作小白成功赚到稿费的老师"这一类的;如果要写一个调皮且风趣的个人简介,关键信息则可以是"无情的写手培训机器""高产如母猪""每天吃饭、睡觉、写10W+爆款文章"之类的。

无论哪一种,显然都比"我叫什么,我是干什么的"这类个人简介更容易让用户驻足。

2）粉丝运营

文章发布出去之后，用户评论文章但不关注创作者是很常见的，这时我们就要把握住互动的机会，进行粉丝运营。对于用户评论，要尽量都回复，而且要给出有价值的回复，比如和用户进行观点碰撞时，要把自己专业的一面表现出来，间接向对方传递"我是有思想的创作者，而不是一个营销号小编"的信息。

3）内容运营

看新闻时，人们通常察觉不到稿件作者的情绪，显然这是有意而为的，因为新闻报道讲究的是实事求是、客观转述，不能有感情和立场的输出。做自媒体应该反着来，尽可能去突出创作者——创作者在内容中应该有坚定的立场、充沛的感情、正向的价值观。同时可以在内容中不断提到自己的个人信息，比如名字、个人经历、口头禅，这些都是被用户记住的利器。

毫无疑问，想要在今日头条实现爆发式涨粉，基本上要借助爆款，那么为什么还要执行上述涨粉策略呢？

原因很简单，这一切是为了爆款来临前做的铺设——当账号有更独特的调性、更强的 IP 属性、更丰满的内容时，用户自然更乐意关注。爆款是东风，但东风来之前，我们要做到万事俱备。

4.7　今日头条的5大收益渠道

长年混迹自媒体圈子的朋友，应该都对自媒体平台崛起那几年的盛况有印象：动不动就有上亿的流量扶持和创作激励，好像发什么都有流量，写什么都有收益。

今日头条在2016—2018年之间，为了吸引更多创作者入驻，把流量扶持和现金激励推到顶峰，那是创作者最"甜蜜"的三年，我深耕今日头条的朋友是这么形容的——那时候在上面做内容好像捡钱似的，毫不费力。

虽说如今红利期已过，但今日头条在创作激励方面依旧大方。我把今日头条的主要收益渠道分为5类，如图4-13所示。

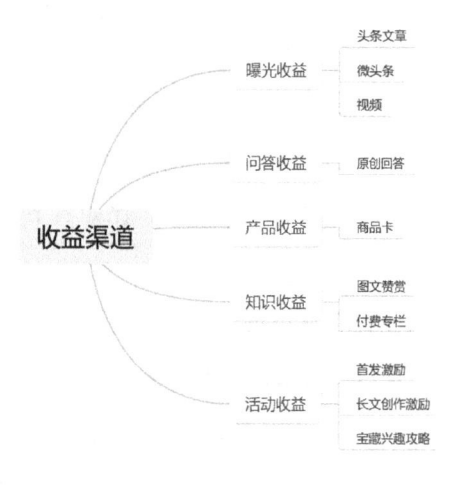

图 4-13

1. 曝光收益

依靠内容曝光获得的收益，我们把它归为曝光收益。

产生曝光收益的主要内容形式有头条文章、微头条、视频。这3种内容产生的创作收益需要开通权限后才能生效。开通门槛很低，只要粉丝量大于0，同时信用分为100分即可。

对于头条文章，发布文章前勾选投放广告收益，可获得创作收益；对于微头条，只要发布非转发抽奖类的内容，就有相关的创作收益；对于视频，按照平台要求发布，将根据播放量来获取创作收益，如果你加入"中视频伙伴计划"，获得的创作收益会更高。

那么，是不是只要发布内容，就一定会有收益呢？不一定！曝光收益直接受到内容质量和曝光量的影响，质量好、曝光量高的内容，收益很可观，如果内容发出去之后没什么水花，自然也不会有多少收益。所以归根结底，还是要把内容做好。

2. 问答收益

问答收益的门槛略高一点，要求信用分为 100 分，且粉丝量（包含今日头条和西瓜视频）大于等于 100，如果你的粉丝量不足 100，也可以通过职业认证来开通问答收益权限。

开通权限之后，可根据路径"今日头条"—"首页"—"发布"—"回答问题"，或者"今日头条"—"首页"—"问答频道"—"答题"，挑选自己擅长或感兴趣的问题去回答，成功发布回答，就有机会获得问答收益。

那么，什么样的回答更容易获得收益呢？简单来讲，原创回答更容易获得收益。具体来讲，在数据层面，互动数高、阅读量高、阅读时间长的回答，更有可能获得高收益；在内容层面，自然是领域垂直的回答，以及能给用户带来信息增量的回答，更容易获得高收益。问答收益的高低，主要取决于用户反馈。

3. 产品收益

简单来说，就是带货收益。今日头条的带货门槛相对较高，要求账号信用分为 100 分，且粉丝量达到 1 万。开通带货收益权限之后，就可以在头条文章、微头条、视频、问答、直播中插入商品卡了，如果有用户下单，那么创作者就能获得佣金。

带货收益权限开通后，创作者可通过"今日头条"—"我的"—"我的功能"—"电商工具箱"进行带货操作。

4. 知识收益

我把图文赞赏和付费专栏都归为知识收益，因为它们的本质都是为内容付费。

图文赞赏与其他平台一样，创作者在原创文章里开通赞赏功能，用户觉得文章写得好就可以赞赏，收益全归创作者所有。图文赞赏功能要求粉丝量达到 1000 才能开通。

付费专栏有点儿类似于微信公众号的付费阅读功能，开通付费专栏之后，创作者可以发布付费图文和付费视频，价格自己定，只要有用户愿意付费，创作者就能获得收益。不过付费专栏获得的收益，平台是要分成的，最终到创作者手里的大概是收益的 70%。开通付费专栏的要求是粉丝量达到 1 万，门槛不低。

可以看到，开通带货收益权限及付费专栏功能，对粉丝量的要求都不低。平台之所以有这个硬性要求，是因为考虑到这两种变现模式需要创作者有较为成熟的内容创作能力——比如写带货文案的能力，以及研发知识付费课程的能力。

那么，付费专栏适合哪类创作者呢？答案是，适合输出各种干货、各种技能类内容的创作者——因为用户愿意付费的前提自然是希望能学到新的知识和技能，又或者是想获得某方面的解决方案。

5. 活动收益

今日头条的"青云计划"，应该很多人都听说过。这是专门用来激励愿意在内容领域深耕的创作者的项目，门槛也不低。

依次选择"今日头条"—"我的"—"我的功能"—"创作中心"—"活动广场"，就能看到当下的热门活动（活动是随时变化的），比如首发激励、长文创作激励、宝藏兴趣攻略等。找到自己喜欢的活动，参与即可。每个活动都有具体的参与要求及可瓜分的总奖金。

这里建议大家多去参加一些征文活动。既然选择了内容创作这条赛道，就应该多去尝试不同的写作主题，而且根据我的经验，在这些征文活动中能认识到很多有经验的创作者，可以向他们学习，向优秀的作品看齐。

今日头条的收益渠道还有很多，上述几种是官方主推且相对可观的收益渠道，创作者可以根据账号情况及自身能力去选择。

到这里，今日头条平台的内容基本讲完了。我相信，看到这里，很多读者已经慢慢摸清了各大自媒体平台的生存之道：熟悉算法—生产内容—通过内容变现。

第5章

两个不可忽略的短视频阵地——抖音和视频号

第5章 两个不可忽略的短视频阵地——抖音和视频号

5.1 抖音和视频号的算法

如果有人问我，2024年入局短视频会推荐哪个平台，我会连眼睛都不眨地告诉对方，抖音和视频号。

为什么这么说呢？因为这两者无论是从商业价值上，还是从现在的市场占有率上来说，都是最优选项。既然要做自媒体，那么肯定要从更大、更稳健的平台出发。我把抖音和视频号放到一起讲，是因为它们都属于短视频平台，且都有很好的发展前景。

抖音和视频号在推荐算法上相差很多，双方匹配和链接用户的路径也不一样，两者都有自己的个性。

1. 抖音的算法

抖音发展到现在，算法已经很成熟且透明，高度自治，高度去中心化。

如图5-1所示，在抖音上发布视频，第一步要经过系统的审核，审核视频的内容是否符合平台标准，不符合标准则不做任何推荐，符合标准则给予推荐；第二步，把给予推荐的视频放入初级流量池；第三步，根据数据反馈，决定是增加推荐还是减少推荐，若增加推荐，则视频将被投放到更大的流量池。

在以上过程中有两个非常重要的环节——审核和推荐，这两个环节直接决定着视频的流量。

图 5-1

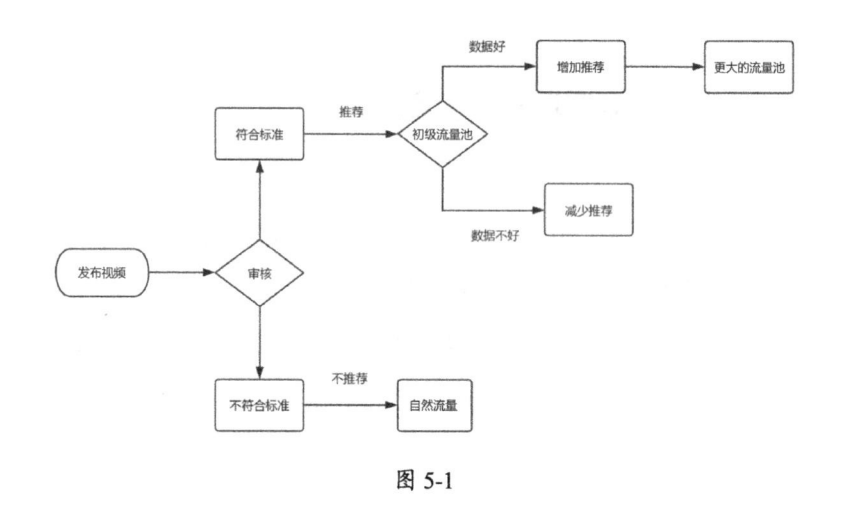

1）审核

很多人发布视频后，几乎没有什么播放量，出现这种情况大概率是因为视频在审核这一步就已经被限流。创作者发布视频之后，抖音平台都会对其进行审核，审核的模式是抽帧检查，也就是随机抽取其中的几个画面、几句字幕、几段音频进行识别和分析——视频属于哪个类目，是否含有敏感内容（涉色情、违法、违反公序良俗的内容），是否有抄袭和搬运行为。

如果创作者发布的视频涉嫌抄袭，或者含有敏感内容，那么平台基本上不会对其推荐，甚至还会给创作者的账号打上标签，在之后的流量扶持上进行限制。所以我不建议大家为了省事去搬运和抄袭（原创度要保证在70%以上），更不能为了流量去打擦边球，这种取巧的做法不利于长远发展。

创作者要想自查是否通过了审核这一关，可以看看视频的播放量，如果低于500，则说明该视频没有通过审核并获得初次推荐。

2）推荐

平台确定视频通过审核后，会对其进行初次推荐，初次推荐给到的是 1000 左右的播放量。这 1000 左右的播放量，相当于视频进入一个种子流量池，如果视频内容符合用户需求，那么该视频就能获得不错的数据反馈，并被进一步推荐；如果数据反馈不好，那么不好意思，平台只能帮你到这里了。

很多读者可能会觉得有点儿熟悉，怎么抖音和今日头条的算法这么像？别忘了，抖音和今日头条都是字节跳动旗下的产品，如果一个算法能有效匹配用户需求，那将它应用到不同的平台也很正常。

在什么情况下，视频可以获得更多推荐，给到 3000、5000、10000 的播放量呢？这就要看数据反馈了，具体指标如图 5-2 所示。

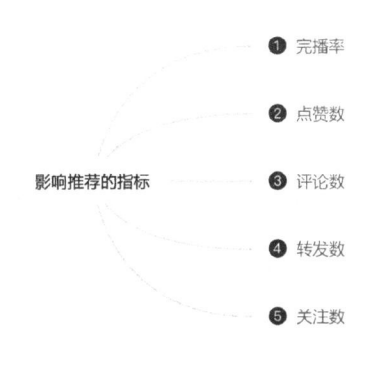

影响推荐的指标
1. 完播率
2. 点赞数
3. 评论数
4. 转发数
5. 关注数

图 5-2

（1）完播率：该指标很重要，它反映的是视频是否有足够的吸引力让用户看完，也就是用户在视频上愿意停留的时长。完播率高，说明大部分人能看到视频的后半段；完播率低，说明用户可能只看了开头就退出来了，即内容的吸引力堪忧。那么，如何提高完播率？

首先需要设计视频节奏,除了开头的黄金 3 秒,还应该每 5~10 秒设置一个能支撑用户看下去的小高潮,避免平淡无奇;其次需要控制视频的时长,短视频,顾名思义就是时长较短的视频,在能清晰表达主题的前提下,一定要控制视频时长,最佳时长为 1~3 分钟。

(2)点赞数:代表用户的喜欢程度、认可程度、共鸣程度。点赞数越高越好,想要提高点赞数,常用的方法是在视频末尾进行引导。但对用户点赞行为起直接作用的,还是视频内容。

(3)评论数:即视频下方的评论数量,评论数高非常有利于账号权重的提升,这说明创作者的视频内容有话题度、有讨论价值。想要提高评论数,可以在视频中适时抛出问题,引导用户讨论。

(4)转发数:衡量内容传播度的指标。触动用户转发,常见的做法有两种。一是在情感上,创作者的视频让用户有较强的共鸣,促使用户去传播;二是在信息上,视频对用户来说有用,比如具有提醒性质、警告性质、避雷性质。

(5)关注数:相比于点赞、评论、转发,用户显然更难做出关注行为。关注数能直观反映视频质量,以及创作者的 IP 属性。

以上这些指标,对于推荐的影响程度不一样,由大到小排序是:完播率>关注数>转发数>评论数>点赞数。

显然,视频的完播率比我们想象中要重要得多,如何让用户尽可能看完视频,是每个创作者都要思考的问题。

2. 视频号的算法

视频号的推荐算法和抖音确实相差很多,这和两款产品的自身定位有关。抖音自诞生以来,定位一直是一个独立的短视频平台,流量完全来自公域，出发点是让用户点开视频且沉浸其中，停留时间越长越好。而视频号是在微信这个社交软件上生长出来的，背靠微信生态，并不是独立存在的，所以其推荐机制离不开私域的加持。

在公域层面，视频号和抖音相似，根据用户的数据反馈来决定是否进一步推荐相关内容。但在私域层面，视频号会利用微信的机制推荐内容。视频号的推荐路径如图5-3所示。

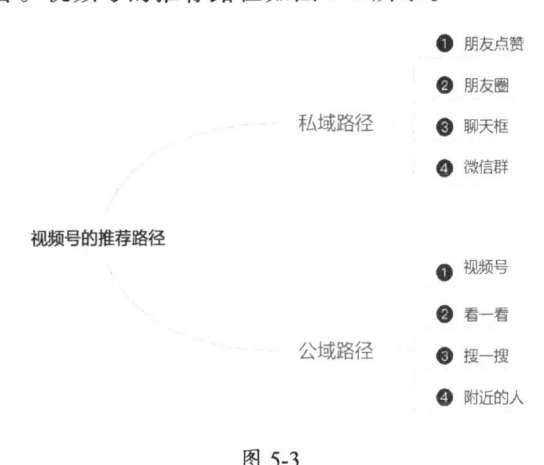

视频号的推荐路径

私域路径
1. 朋友点赞
2. 朋友圈
3. 聊天框
4. 微信群

公域路径
1. 视频号
2. 看一看
3. 搜一搜
4. 附近的人

图 5-3

1）私域路径

随着视频号的崛起，我们在很多社交场景中都会看到视频号链接，比如朋友点赞、朋友圈、聊天框、微信群等。在"相亲相爱一家人"这类家族微信群里，能明显感受到内容的演变，前几年长辈们喜欢转发公众号文章，这几年他们开始转发视频号内容了。这种主要依赖熟人关系进行视频传播的路径就属于私域路径。

2）公域路径

张小龙团队在微信上给视频号设置了很多入口，我们打开微信App，在发现页面能看到"视频号""看一看""搜一搜""附近的人"等入口，从这些入口都可以进入视频号相关页面。

进入视频号，如图5-4所示，我们能看到页面上方从左到右分别是"关注""朋友点赞"[1]"推荐"。

图5-4

"关注"显示用户关注了哪些账号，这些账号的内容更新将在"关注"页显示；"朋友点赞"显示用户点赞了哪些内容，你的朋友点赞的内容你是能看到的；"推荐"页中是平台根据用户习惯、用户标签推荐的内容。

我喜欢视频号的原因是，其他平台的基础流量几乎都要靠官方去分配，而在视频号中，创作者可以主动获得流量——把自己的视频分享到朋友圈、聊天框、微信群中，都可以在一定程度上给自己带来基础流量，进而触发视频号平台的推荐。也就是说，视频号的初始流量是可以人为干预的。

假如张三微信里已有100个群和10000名好友，那么他做视频号的优势就会很明显，可以借助自己的社交圈去干预初始流量，如此一来，触发平台推荐的概率就提升了，把账号做起来的概率也相

---

[1] 由于原页面中此处用图形（心形）显示，不便于输入，因此这里将其称为"朋友点赞"。

应提升了。

抖音和视频号两者的相同之处是，初始流量都重度依赖用户的数据反馈。不同的地方是，视频号多了一个私域流量入口。

5.2 抖音和视频号的基础运营

1. 抖音的基础运营

如果说摸清平台属性是做自媒体的第一步，那么账号的注册与基础运营便是第二步。

我经常听到很多刚入局抖音的朋友抱怨，说抖音不是限流就是封号，就像一个严格的管家婆，做什么都不行，做什么都要管。虽然我个人觉得没这么夸张，但因为抖音用户基数庞大，影响力较大，所以官方对账号和内容的管控相对于其他平台的确是偏严格的。

从注册到正式发布视频，每个环节都有要注意的事项。下面我们按照步骤，逐个介绍。

1）注册

抖音账号的注册相对简单，直接用手机号注册即可。

不建议使用虚拟号码或他人手机号来注册。在抖音上，用机器批量注册账号的现象很常见，如果创作者用虚拟号码或他人手机号频繁登录和退出，那么平台有理由怀疑创作者是不是要干什么见不得人的事，进而对账号进行限制或直接封号处理。抖音的封号很严重，被封账号对应的手机号将无法再在抖音上注册账号。

我们在注册抖音账号时最好用自己的手机号注册，同时做到一机一号，不要频繁切换设备。

2）养号

注册完账号，不要立即发布视频，而是要用该账号来观看和点赞其他视频内容，这个过程被称为养号。

其实，对于要不要养号，行业内可谓众说纷纭。有人觉得多此一举，账号又不是活的，养它有什么用？有人觉得账号需要养一养，不适合一上来就"咔咔"发内容。

我觉得，养号没有那么玄，也不是非黑即白的。如果说，创作者注册完账号之后只是花些时间刷一刷感兴趣的内容，并时不时点赞、评论一下，就能为自己的账号带来巨大的流量，那肯定是不现实的。不过，这样做确实能让平台持续为创作者推送内容，并识别到创作者是活跃度不错的真人用户。简单来说，养号的作用是让平台识别到该账号的兴趣方向及活跃度。基于这一点，我个人建议大家在注册完账号之后别放着不动，最好多刷刷视频、点点赞。

3）定位

在运营的初始阶段，账号的定位无疑是最重要的，这关系到创作者接下来的运营思路。抖音账号定位怎么做呢？我们通常从图 5-5 中的几个维度去思考。

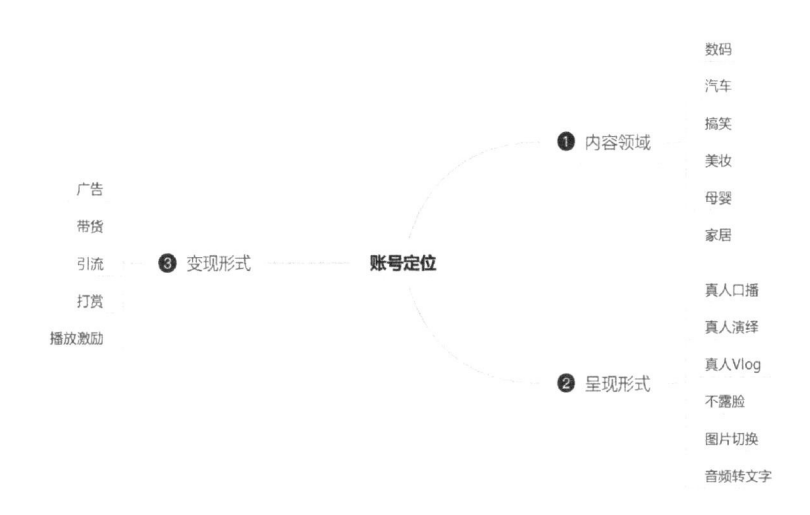

第5章 两个不可忽略的短视频阵地——抖音和视频号

```
                                              数码
                                              汽车
                                              搞笑
                              ❶ 内容领域        美妆
                                              母婴
     广告                                       家居
     带货
     引流  ❸ 变现形式        账号定位           真人口播
     打赏                                      真人演绎
     播放激励                                   真人Vlog
                                              不露脸
                              ❷ 呈现形式        图片切换
                                              音频转文字
```

图 5-5

关于内容领域和呈现形式，这些都比较好理解，因此此处不做过多介绍。我们着重看一看抖音的变现形式。

抖音常见的变现形式有广告、带货、引流、打赏和播放激励。我们在做账号定位时，需要提前规划未来的变现形式，然后有针对性地生产相关的内容。

（1）广告：如果账号一开始的定位就是通过广告变现，那么内容中就应该留有广告口，允许对应的产品植入。广告口，指的是内容中植入广告的场景。目前来看，垂直类的账号广告口较为丰富，生活类的账号广告口也较为丰富，能够接的广告范围很广。

（2）带货：带货分为视频带货和直播带货，具体选择哪一种，要结合创作者自身的情况而定。自己有什么特长、能不能直面镜头、是否有货源、是否有价格优势等，这些都要纳入考量。

（3）引流：抖音对于免费引流的行为是有限制的。创作者是冒险去获取免费流量,还是花钱投流来获得稳定流量?流量进来后,用什么产品或服务去承接这些流量?决定引流变现之前,一定要先制订好自己的引流计划,把上述问题想清楚。

(4)打赏和播放激励:打赏通常出现直播里,也就是所谓的"刷礼物"。通过直播打赏变现并不是人人都能接受的,要在直播中设计好话术,或者通过PK去赢得打赏,创作者需要自我审视,看自己能否适应这种赚钱方式。此外,抖音平台对创作者的中长视频是有播放激励的,如果选择这个方向,就需要最大限度地追求播放量。

为什么账号需要有明确的定位?看过田径比赛的朋友都知道,每位运动员都有固定的赛道,这么设计的原因是,只有赛道清晰且恒定,运动员才能专注,朝着一个方向奔跑。做自媒体也如此,确定好账号定位,才能有指向性地去产出内容。

2. 视频号的基础运营

1)注册

视频号的注册可以说非常简单。打开微信,依次选择"发现"—"视频号"—"个人中心"(右上角的图标)—"发表视频",然后填写基本信息即可完成账号注册。

对于账号注册,在基本信息(账号名称、头像、简介)的填写,以及账号定位上,各个平台都差不多,这里就不重复介绍了。

2)认证

我们在运营视频号时为什么要认证呢?因为认证可以带来众多利好,包括但不限于以下方面。

- 可作为相关背书。
- 获得600曝光量,作为流量奖励。
- 在视频号搜索结果中排序靠前。
- 有效关注数超过10000后,可以申请开通变现功能,入驻互选平台。

也就是说,认证可以让一个账号在流量、资质、变现等方面均有所提升,如果条件允许,那当然要做相关的认证。视频号的认证包括哪几个方面,对应的条件又是什么呢?具体如图5-6所示。

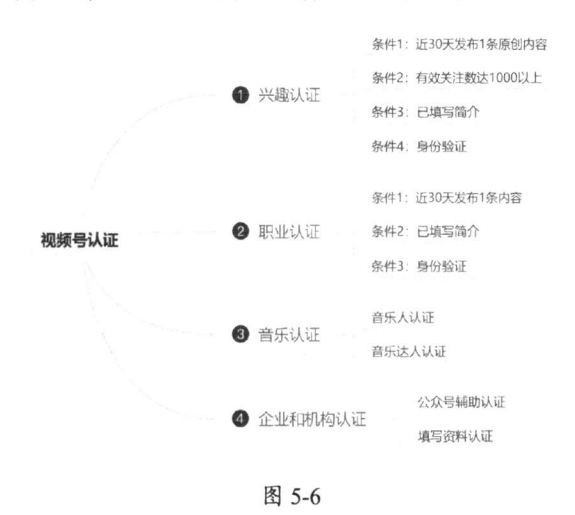

图 5-6

(1)兴趣认证:适合个人账号,相当于赛道定位,决定了创作者做什么方向的内容,比如美食、数码、汽车、读书、情感等。

(2)职业认证:适合个人账号,职业认证的门槛非常低,可以说是忽略不计。

(3)音乐认证:适合从事音乐创作相关行业的人或音乐爱好者。

音乐认证又分为音乐人认证和音乐达人认证。音乐人认证的要求和职业认证一样，门槛较低；音乐达人认证要求发表过 1 首高质量音乐，以及有效关注数达 100 以上，门槛略高一些。

（4）企业和机构认证：这不属于个人创作者的认证范畴，主要是针对企业和机构的，具体要求不复杂，按指示操作即可。

从认证的条件来看，视频号官方无疑在鼓励更多职业领域的创作者入驻，比如音乐人、演员、作家等，这对于内容的质量和多样性是一种保证；对于兴趣认证，平台设置了一定的门槛，要求内容为原创内容且有效关注数达 1000 以上，用意是对创作者和内容进行筛选。创作者只有在一个垂直领域里能够稳定输出原创内容，同时获得市场反馈（涨粉 1000 人以上），才具备认证资格。

3）发布技巧

我们在运营一个账号时自然希望自己每次发布的作品都能够获取更多的初始流量，因为这样有利于内容的扩散。前面说过，视频号初始流量的人为干预程度比任何一个自媒体平台都要高。创作者在发布视频号内容时可以运用一些技巧去提升初始流量，如图 5-7 所示。

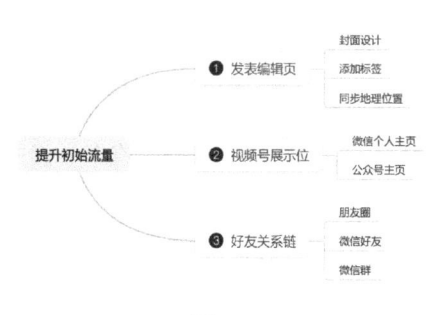

图 5-7

（1）发表编辑页：发布视频时会显示编辑页面，添加标签便于平台匹配用户；同步地理位置可以让视频更多地出现在微信的"附近的人"页面上；好的封面设计会带来更高的打开率，视频号的封面应具有一个明显的特征——字要足够大。

（2）视频号展示位：细心的朋友应该能留意到，可以将视频号展示到微信个人主页上，也可以将其绑定到公众号（如果你有）主页上，这两个展示位都可以有效提升视频号的曝光量。

（3）好友关系链：可以把视频号内容同步到朋友圈、微信群中，或者私信分享给微信好友，增加曝光量。

我们做这些操作的目的是，不放过任何一个展示自己的机会。作为内容创作者，一定要有这样的觉悟。世界那么大，人海茫茫，要努力踮起脚尖才能被人看见。

通过本节的介绍可以看出，抖音和视频号基础运营的注意事项有所不同。运营抖音，要尤其注意账号的安全性和内容限流标准。运营视频号，则很讲究账号认证和对初始流量的把握。

5.3　口播视频脚本写作

无论什么样的短视频，最重要的落脚点都是脚本。假如张三要拍一个视频，他是拿起手机就能拍，拍完就能发布吗？不排除有这样的创作者，但是大部分创作者都需要先构思，再将思路编排成脚本，然后按照脚本去拍摄。所以说，做短视频是绕不开脚本写作的。

我们在刷抖音或者视频号时，经常能看到这样的视频：没有频繁的场景切换，也没有华丽的特效，只有一个人对着镜头"噼里啪啦"地讲——这种视频就是口播视频。

口播视频可以说是真人出镜类视频里最简单的，很适合新人创作者入门。口播视频的优点是拍摄和剪辑简单，内容成本极低，基本一个人、一部手机就能操作，而且兼容性很强。情感账号可以口播、汽车账号可以口播、财经账号同样可以口播。当然，口播视频账号的缺点也很明显，比如场景单一、可植入的广告有限。因为场景单一，所以想要把口播视频拍得有趣并不容易。

口播视频脚本写作在众多视频脚本写作里算是比较简单的——视频几乎不需要场景设计和镜头切换，人物也不用过多演绎，只需要把想要表达的主题提炼成一份适合口头表达的文稿。那么，口播视频脚本怎么写，每个环节又该怎么设计呢？请参考图5-8。

| 开头：黄金5秒 | → | 中间：输出 | → | 结尾：升华+引导 |

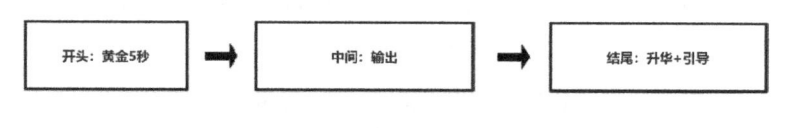

图 5-8

1. 开头

我们都知道，各大自媒体平台都在抢占用户的注意力和时间。因此，行业内总说做视频要追求"黄金3秒"或"黄金5秒"，毕竟用户小手匆匆一划，留给创作者的时间不多。口播视频在视觉上相比于其他有场景演绎的视频比较吃亏，所以开头5秒尤其重要。

在口播视频的"黄金5秒"中，我们可以用图5-9所示的几种方式有效留住用户。

黄金5秒
- ❶ 悬念式： 设置悬念，刺激用户往下看
- ❷ 预告式： 精彩片段前置
- ❸ 相关式： 强调与用户利益相关的信息

图 5-9

1）悬念式

正因为人类有好奇心，所以设置悬念在吸引用户注意力上可谓屡试不爽。在视频开头设置悬念能刺激用户往下看。常用的悬念式开头有两种：抛出疑问和设置诱饵。

我们以写一个防脱发的科普口播视频脚本为例，如果想通过抛出疑问来设置悬念，那么开头可以这么写："健壮男子为何每天起床都会哀嚎？为什么枕边全是头发？25岁不到就秃头的他到底经历了什么？"画面感和悬念有了，用户会好奇该男子究竟遇到了什么事。

如果是设置诱饵，那么开头可以这么写："今天和大家分享3个防脱发的妙招，不花一分钱，效果杠杠的，尤其第3个，简直太有效了！"这样一来，用户就会好奇这些方法是什么，尤其好奇第3个方法是什么，它到底多有效。

在口播视频中使用这样的开头，目的就是设置悬念，刺激用户继续看后面的内容。

2）预告式

在长、中、短视频中，预告式开头都被广泛使用，呈现形式就是将视频中最精彩的片段前置，比如美食视频中最具视觉冲击的美食特写片段、剧情视频中最激烈的人物冲突片段。

在口播视频中，通常会挑出最吸睛的故事或金句，放到开头处，以此吸引和留住用户。

3）相关式

我们都会关注那些与自己相关的信息，也就是重视利益。使用相关式开头，第一步要强调某件事的严重性、严肃性、利益或损害，第二步要表明该事件与用户息息相关，第三步要重申不注意这件事会有什么严重的后果。

还以防脱发为例，相关式开头可以这么写："持续脱发，可能是因为身体有疾病？掉头发的家人们一定要看完啊，这不是秃不秃头的问题，而是你身体发出的求救信号。"

当然，抓住开头黄金 5 秒的招式还有很多，比如使用视觉冲击式开头，用炸裂的画面让用户感受到震撼；再比如使用情绪爆发式开头，一上来就爆发出强烈的情绪（大哭、大笑、大闹等）来吸引用户。

具体哪种开头对目标用户最有效，还需要实际测试，因为每个用户的喜好都不同。

2. 中间

中间内容以输出观点和输出信息为主。

我们在输出观点、输出信息时，要确保让用户能够持续观看下去，毕竟视频的完播率会影响平台的推荐机制。创作者在撰写口播视频脚本时要考虑到这一点。

如图 5-10 所示，不同类型的口播视频，其脚本结构是不一样的。

第5章 两个不可忽略的短视频阵地——抖音和视频号

口播视频脚本结构
- ❶ 干货类：
  - 叙述手法：并列或者递进
  - 内容领域：数码、汽车、职场、减重等
- ❷ 观点类：
  - 叙述手法：顺序、倒叙等
  - 内容领域：社会、历史、情感、财经、生活等

图 5-10

1）干货类

干货类口播视频通常聚焦较为专业的内容领域，比如数码、汽车、职场、减重等。此类内容，因为信息密度较高、专业词汇较多，所以在逻辑上要特别清晰，建议采用并列或者递进的手法来叙述。

并列手法就是给每个知识点都标清序号，方法一、方法二、方法三……以此类推，用序号引领内容；递进手法就是为脚本内容划分步骤，第一步要怎么做，第二步要怎么做，第三步要怎么做……以此类推，层层递进传达内容。

2）观点类

观点类口播视频通常会先抛出一个观点，然后用事例和数据来支撑观点，内容领域覆盖社会、历史、情感、财经、生活等，最好以顺序或倒叙手法来叙述。

顺序，就是把事情的发生、发展、结局按时间顺序说出来。倒叙，就是先说结局，再交代事情的发展经过，这种手法通常要求结局是比较意外的，以刺激用户继续往下看。比如，"不装了，我18岁，已经秃头了"，这就是一个很震撼的倒叙开头。

口播视频脚本写作依旧要遵循自媒体文本写作的基本原则，比如尽可能用白话、尽可能讲故事、尽可能每隔三五行文字就设置一

个情节小高潮。

3. 结尾

口播视频脚本的结尾主要用于升华和引导。

升华，顾名思义，就是拔高内容高度，打动用户。常用的方法是对比升华法和引用升华法。对比升华法，即通过对比将观点从一个狭隘的层面升华到一个更宏大、更深远的层面。引用升华法，即通过引用一些名人故事或名言名句来论证自己的观点。

引导是什么意思呢？相信大家都有印象，现在很多视频都会在结尾呼吁大家"三连"（点赞、关注、转发）。不要觉得这种行为可耻，如果创作者用心做内容，那么用户是能感受到诚意的，这时呼吁大家"三连"，让视频被更多人看到，用户通常不会反感和抗拒。

下面我们来看一个完整的口播视频脚本。

标题：看完之后，不敢再刷手机了！

正文：

看完之后，刷手机的欲望真的消失了，这条视频一定要看完。

——相关式的开头

前两天看到一个视频，一位外国小哥说：

人们每天一睡醒，第一件事就是看手机、看消息、看新闻，再刷些娱乐八卦新闻，仿佛这个世界上的事，大到第三次世界大战，小到某个明星今天穿什么衣服，都跟你息息相关。

随后的一整天，你大抵都是这么度过的。

一直持续到晚上睡觉,但睡觉前你仍然会沉浸在朋友圈、短视频等庞杂的信息中,一直到精疲力尽实在打不起精神,然后沉沉睡去,如此周而复始。

但其实,早上和晚上是最不应该沉浸在手机里的时间段。

——抛出观点,此为观点类口播视频

早上是一天的开始,应该将注意力放在自己当天的生活上。晚上是身体和大脑休息的时间,睡前接受过量的信息刺激会让大脑被迫在休息之前处理这些信息,同时分泌一些如多巴胺之类的激素,大脑及神经系统被迫持续运转而难以暂停,这就是很多人刷手机到深夜第二天起来会感觉很累的原因,并且你会陷入这种状态的恶性循环。

我们为什么会忍不住看手机呢?因为一个巨大的谎言。

手机把远方和他人的一切鸡零狗碎送到你面前,让你的大脑误以为这些东西跟你的生活有关系,但其实绝大部分东西跟你毫无关联。再加上大数据对你的分析,会给你带来精准的信息投喂。

也就是说,你看到的信息是围绕你定制的,这会让你更加误以为这些信息进入了你的生活,其实并没有。

而解决刷手机问题的办法,就是尽早意识到这一点,手机里的世界和你的生活没有太大的关系。

一个很实用的小技巧就是:把手机放到离床远一些的地方,让自己够不着。

当然,这样一来你晚上睡觉的时候会觉得有点儿无聊,但这种无聊很重要,你不能让大脑时时刻刻处于信息刺激状态下,而这种无聊正是大脑进入休息状态的过渡阶段。

在这种状态下，思绪会随意游走，脑海里会浮现出各种画面，或者各种念头，那是潜意识之门打开并与大脑对话的状态，很多你想不通的事可能会豁然开朗，很多没有解决方案的问题可能突然就有了灵感。

——结尾升华

大脑也是需要滋养的，正所谓闭目养神，不必时时刻刻给自己的大脑信息刺激。

该口播视频无论是在我们内部的视频号上，还是在小红书上，都取得了数十万的播放量。除了选题本身能戳中很多人的痛点，脚本从开头到正文，再到结尾，也都参考一定的方法进行了精心设计，此外，脚本的整体结构很清晰，层次很分明。

口播视频脚本算是入门级的脚本，写作方法相对来说比较简单。

5.4 剧情视频脚本写作

什么属于剧情视频呢？但凡涉及人物、场景、对话的视频都可以归为剧情视频，比如我们常见的故事类、日常类、搞笑类、Vlog类视频。显然，这是一个很大的范围。

不同于口播视频脚本，剧情视频脚本需要调度更多的东西来协助完成主题表达，因此写作方式复杂得多。为了让脚本更清晰，在正式撰写之前通常要列一个故事提纲，如图5-11所示。

第5章 两个不可忽略的短视频阵地——抖音和视频号

故事提纲
- 思考1：要讲什么故事？
- 思考2：故事中会出现什么人物、情节、环境？
- 思考3：故事中的戏剧冲突是什么？
- 思考4：这个故事表达了什么主题？

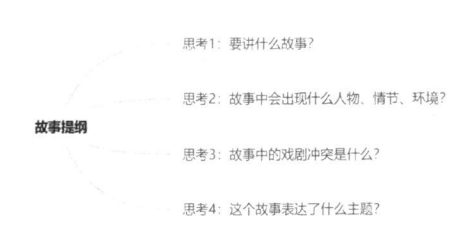

图 5-11

先要思考，你要讲什么故事？然后思考，故事中会出现什么人物、情节、环境？这些人事物的出现对故事情节的推进有什么作用？再思考，故事中的戏剧冲突是什么？最后思考，这个故事表达了什么主题？以上内容要一一罗列出来。

列出故事提纲的作用是让创作者捋清即将要讲的故事，只有故事脉络清晰，才能知道脚本要如何落笔。

剧情视频脚本的通用模板如表 5-1 所示。

表 5-1

镜号	场景	画面内容	景别	运镜	台词	音效	时长	备注

（1）镜号：视频中每个场景的编号。前期可以按顺序拍摄，先拍第一个场景的镜头，再拍第二个场景的镜头，以此类推。后期剪辑视频的时候也可以按照镜号来拼接，让内容结构更清晰。

（2）场景：故事的发生地点。不同的故事应该用不同的场景来衬托，假如张三恋爱了，场景可以是明媚的、充满粉色泡泡的草坪；假如张三失恋了，场景可以是阴郁的、充满悲伤的雨夜。

（3）画面内容：镜头里正在发生的一切，人物的动作、表情，以及光线、天气等。

（4）景别：描述距离和大小的镜头语言，包括远景、全景、中景、近景、特写等。景别也起到推动剧情发展的作用，比如表现人物很紧张，可以给他脸上的汗珠或藏在背后颤抖的手以特写；比如表现某个人很无助，可以用一个远景，把人物拍得特别小。

（5）运镜：镜头的拍摄方式，包括俯拍、仰拍、平移、前推、后拉等多种手法，具体要结合画面需求来定。

（6）台词：分为对白和旁白。对白就是人物的对话，应该是可以推动故事发展的有效信息，而不是一些无关紧要的聊天；旁白就是非故事人物说出来的话，常见的有解说、回忆、心理活动描写等。

（7）音效：视频配乐。感受最明显的应该是恐怖视频了，在最紧张的时刻，渲染氛围的音效瞬间出现，把氛围推向高潮。音效的作用很大，对视频的主题、情感、意境、氛围等都起到推动作用。

（8）时长：每个画面的时间长度。我们在策划一个视频时，最好预估视频时长，然后根据每个镜头的内容和节奏进行时长分配，这样可以避免最后素材篇幅太长，剪辑起来很吃力。

（9）备注：对以上内容的补充，包括人物的服装、道具，以及其他特殊要求。

单纯讲述知识点可能并不容易理解，下面我们来看一个具体的剧情视频脚本案例。

2017年，我在一家公司做编辑，当时广州气温非常高，甚至上了热搜，我们团队就计划拍摄一个搞笑类剧情视频，把广州酷热的天气表现出来。于是我递交了一个剧情视频脚本模板，如表5-2所示。

表 5-2

镜号	场景	画面内容	景别	运镜	台词	音效	时长
1	火焰山下	西天取经四人组，瘫在地上，个个满头大汗	远-近	平移	旁白：西天取经路上，唐僧师徒四人用芭蕉扇扇灭了火焰山的火之后	轻快	8秒
2	火焰山下	唐僧不断给自己扇扇子，猪八戒热得解开衣服露出大肚腩	近景	镜头向前推进	猪八戒："咱们歇息完，赶紧走吧，俺老猪要成烤乳猪了。"	轻快	12秒
3	火焰山下	唐僧看着天上的烈日，咽了咽口水，朝孙悟空望去	中景	镜头从唐僧到孙悟空	唐僧："悟空，咱们下一站去哪里啊？"	轻快	10秒
4	火焰山下	孙悟空回了唐僧的问话之后，一跃而起，踩着筋斗云往天上飞去	近-远	镜头后拉	孙悟空："师父，容徒儿去瞧瞧。"	轻快	15秒
5	天边	孙悟空踩着筋斗云回来，满脸恐慌	远景			轻快	5秒
6	火焰山下	孙悟空跳下筋斗云，直奔唐僧跟前	远-近	镜头往前推进	孙悟空："师父，大事不好，下一站是广州。"	凝重	15秒
7	火焰山下	唐僧听罢，望向远方，长叹一口气	近景	近-远	唐僧："那咱们还是留在火焰山避避暑吧。"	凝重	15秒

该脚本制成视频发布后,数据和反馈都还不错。

我创作这个脚本的时候是这么构思的:要讲一个表达天气很热的故事,有没有一个类似的故事是大家都很熟悉的呢?唐僧师徒四人经过火焰山三借芭蕉扇,这个故事大部分人应该都知道吧?火焰山到处是熊熊大火,够热了吧?这个故事中出现什么样的对话才能把广州的热表现出来呢?火焰山奇热无比,师徒四人已经熬不住,结果一听到下一站是广州时,立马怂了,宁愿留在火焰山避暑——这么一对比,广州的高温不就表现出来了吗?

该视频脚本的立意和构思都很简单,借家喻户晓的西天取经的故事侧面把广州的炎热给烘托出来。

当时该脚本被制作成了动漫短片,在画面感和想象力上都有比较大的自由度,如果是拍摄现实生活中的短视频,则可能没法这么放飞自我——画面能不能实现、预算是多少、人物表演的完成度如何、场景是不是可控的,这些都要纳入考量。

新人创作者如果入局剧情视频领域,前期在确保画面清晰之余,应该把重心放在主题表达上,不要构思太复杂的内容。有趣的表达和深刻的主题,可以在很大程度上弥补拍摄技巧的不足。

5.5 直播带货脚本写作

长期看直播的朋友应该都会达成一个共识:直播间带货主播的语言节奏感真好啊!哪个时间节点和观众互动,哪个时间节点讲痛点,哪个时间节点介绍产品,哪个时间节点上链接,哪个时间节点和品牌方进行价格拉锯……每一步都能踩到点上，一切都刚刚好，就好像事先排练过一样。

其实这不是仅凭带货主播一己之力就能做到的，直播间背后通常有一个团队，有专门的场控、助理、氛围组。从产品上架下架到弹幕互动、氛围营造，再到对各种突发事件的应对处理，都是团队协作的结果。当然，还有一个极其重要的工具也在发挥作用，那就是直播带货脚本。

为什么直播带货也需要按照脚本走呢，不应该按照主播的感觉和语言习惯来吗？其实不是的！如果完全按照主播的感觉来，那么最终的带货结果将由主播的发挥而定，发挥好就多卖点儿，发挥不好，整个团队都可能跟着挨饿，未免太过不可控。直播带货脚本的作用是让结果变得可控。

直播带货脚本可以在以下几方面发挥作用，如图 5-12 所示。

直播带货脚本
❶ 提前演练
❷ 梳理流程
❸ 掌控节奏
❹ 明确话术
❺ 复盘迭代

图 5-12

（1）提前演练：有了直播带货脚本，就可以把整个直播过程提前演练一遍，在什么时间节点做什么动作，怎么把这个动作做好，这些都可以提前做好准备。

（2）梳理流程：直播是播到哪里算哪里吗？自然不是！从直播开场、暖场、互动，到讲品、上链接，再到最后的催单，这是一个完整的流程。有了脚本，流程得以梳理，不至于乱套。

（3）掌控节奏：很多主播在直播带货的时候很容易被弹幕和销售数据打乱节奏，导致整个直播流程失控。脚本会明确每个环节的时间，有助于主播掌控节奏，有条不紊地推进销售。

（4）明确话术：在什么环节说什么话，遇到突发情况该怎么应对，这些都有一套专门的话术，而这些话术需要标注在脚本上。主播参考专门的话术来说，既不费力，又不容易出错。

（5）复盘迭代：尝试过直播带货的朋友都知道，直播是一场持久战，只有不断直播、不断复盘、不断更新迭代，销量才能越来越高。现在绝大部分直播团队的复盘做法是，直播完查看销售额、查看回放，对着脚本进行优化。

以上是直播带货脚本的作用。那么重点来了，直播带货脚本该怎么写呢？其实直播带货脚本就是各类话术的集合，而话术根据作用可以细分为以下几部分，如图5-13所示。

（1）直播信息：相当于直播简介——什么时候开播、在什么地方直播、是什么品类的直播、责任人有哪些……为什么要罗列这些基础信息呢？主要是因为直播信息不仅可以起到统筹分工的作用，还可以明确直播的场次，避免混乱。

（2）开播暖场：极少有主播会在直播一开始上来就带货，而是会先暖场。暖场通常是边聊天边发福利（抽奖或者发福袋）以吸引更多的观众。直播间的流量规律是，越多人涌进直播间，直播间的热度越高,进而越有可能获得平台的推荐。开播前,需要在脚本上先写好暖场话术和福利形式。

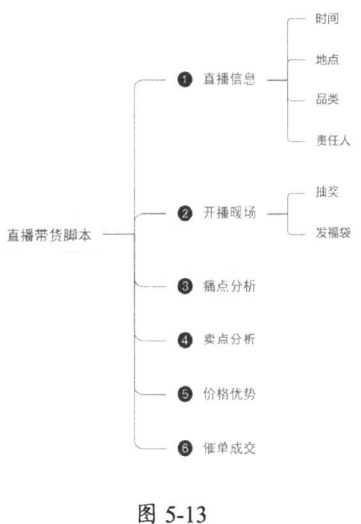

```
直播带货脚本 ─┬─ ❶ 直播信息 ─┬─ 时间
             │              ├─ 地点
             │              ├─ 品类
             │              └─ 责任人
             │
             ├─ ❷ 开播暖场 ─┬─ 抽奖
             │              └─ 发福袋
             │
             ├─ ❸ 痛点分析
             │
             ├─ ❹ 卖点分析
             │
             ├─ ❺ 价格优势
             │
             └─ ❻ 催单成交
```

图 5-13

(3)痛点分析:场子热起来之后,就可以正式进入主题了,聊聊目标用户的痛点。带货前是先讲痛点,还是先讲产品卖点呢?当然是先讲痛点。只有击中用户痛点,他们才会产生共鸣,进而产生兴趣继续往下听。注意,讲痛点无须长篇大论,直击心窝的痛点分析只需要几句话就够了。

(4)卖点分析:讲完痛点后,自然过渡到产品卖点分析上——产品的功能是什么、成分是什么、能解决什么问题,等等。产品卖点在直播带货脚本中的占比通常是最大的。准备产品卖点时,切忌生搬硬套,要用口语化、日常化的表达。

(5)价格优势:用户听完产品卖点之后可能会心动,但缺乏一个推手让他们下单。这时就要把直播间的价格优势说出来——官方指导价是多少,其他平台的零售价是多少,直播间的价格又是多少;除了价格更低,还有买赠活动——给用户必须在这里下单的理由。

(6)催单成交:该环节主要营造"即将售空"和"过了这村没这店"的紧张感,催促用户下单。常见的话术类似于"最后 20 单,再不抢就没了""已经卖完了,最后上 5 套,这 5 套是主播自留的,再多就没有了"。

在直播带货的过程中,上述流程是必不可少的。下面我们以带货"张三牌防脱洗发水"为例,试着去写一个直播带货脚本,帮助大家更好地理解直播带货脚本的写作,具体如表 5-3 所示。

表 5-3

	流程	备注
时间	2024 年 10 月 10 日 10:00	
地点	广州市番禺区直播基地	
责任人	主播:李四;助播:王五	
开播暖场 (5 分钟)	欢迎进入直播间的宝子们,我是李四,给大家准备了 1000 个红包,左上角福袋可以点一下,抢没抢到都不要退出去,每隔 5 分钟我们会发一次福利,越到后面福利越大,留到最后就是胜利……	主播可随机回复弹幕中的问题,每隔 1 分钟重复一次暖场话术
痛点分析 (3 分钟)	我相信应该有很多宝子和我一样,头发比较爱出油,脱发也比较严重,每次洗头都堵下水道,打扫房间也是一地头发,感觉离秃头不远了……	
卖点分析 (10 分钟)	我的情况是怎么缓解的呢?就是用了这款张三牌防脱洗发水。它采用天然草本植物,不含任何化学添加剂,所以很温和、不伤头皮,而且能有效清洁毛囊,平衡油脂分泌,头油和脱发的宝子一定要试试,用上一周基本上就能看到效果……	主播可以展示自己的头发

续表

流程		备注
价格优势 （7分钟）	这款洗发水怎么卖呢？官方卖199元，不便宜，毕竟品质摆在这里，大家可以搜一搜看是不是这个价。今天在我们直播间，不用199元，只要99元，因为我们和品牌方合作，直接从工厂发货，不经过经销商赚差价，但数量有限，品牌方只愿意放100瓶给大家体验……	主播展示产品，氛围组配合重复"价格全网最低""真的好划算"等话术
催单成交 （5分钟）	要的宝子们快点儿下手，直播间这个价格已经是最低的了，你能找到更低的，我们无条件退款。最后5单了，最后5单了，马上要没了，抓紧下单啊……	团队配合重复"没了没了""抢完了抢完了"等话术

以上是一个简单的直播带货脚本案例。显然这只是单个产品的直播带货脚本，在现实生活中，一场直播往往涉及许多产品，需要将产品串联起来，话术设计上要更加精细一些。

总结来说，直播带货考验的是主播说话的艺术。主播在什么时候说话、怎么说话、说什么话，遇到突发状况时怎么应对，这些都很有讲究。所以，撰写直播带货脚本需要多方衡量、反复打磨，做到精益求精，和艺术创作基本差不多。这也是直播带货脚本难写的地方。

5.6 电影解说脚本写作

"注意看，这个女人叫小美。"——即使你不看电影解说，也大概率从早高峰的地铁上，或者午休时的同事手机里，听到过这句话。这句话是电影解说视频的惯用开场白。

如今在各大短视频平台上，电影解说已经成为一个独立的大类目，随便搜一个电影，都会弹出一大堆关于该电影的解说视频，而且每一个视频的点赞数都奇高。可见电影解说背后的市场之大。

电影解说市场能发展到今天的规模，也很合理。首先，电影的受众基数很大；另外，电影解说把一部两小时的电影浓缩成3分钟，提炼高潮，加快节奏，更符合现代人碎片化的浏览习惯。电影解说既站在一个庞大的市场中，又踩在人性的弱点上，很难不蓬勃发展。

用户需求旺盛，市场蓬勃发展，内容自然是稀缺的。即便现在，招聘网站上也到处可见招聘电影解说脚本写手的需求。

电影解说脚本写作有以下4个原则，如图5-14所示。

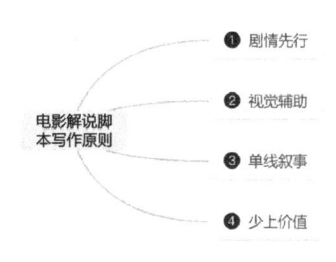

电影解说脚本写作原则
❶ 剧情先行
❷ 视觉辅助
❸ 单线叙事
❹ 少上价值

图5-14

（1）剧情先行：很多创作者在写电影解说脚本时会有一个误区，觉得一上来应该先介绍电影的基本信息，片名是什么、什么时候拍的、导演是谁、主演是谁、讲的是一个什么样的故事……你有没有想过一个问题，用户刷短视频是为了娱乐消遣，不是为了看某部电影的百科。所以，电影解说一定要剧情先行。电影的剧情是在编剧、导演、演员的多方努力下呈现出来的，且已经经过市场验证。剧情先行，就是把剧情中吸引人的片段放到开头介绍，吸引用户进来。

电影的基本信息能不能介绍？当然可以，只是没有必要放到开头介绍，可以在中间穿插提示。

（2）视觉辅助：用户刷短视频时，接收到的第一瞬时信息是画面，因此，在电影解说里，视觉的运用尤其关键，可以说仅次于剧情。如果一部电影的视觉效果很出彩，那就可以将其作为视频开头，作为第一抓力去使用，比如在解说科幻片时运用其中的特效画面。

（3）单线叙事：作为自媒体内容的一部分，电影解说视频也要遵循不能给用户造成浏览压力的原则，应尽可能简单直接。基于这个原则，脚本通常采用单线叙事方式，围绕着一个主要人物去推进故事，哪怕故事再复杂，叙事线也不应该超过两条。大家可以代入一下，如果电影解说视频里一会儿讲张三，一会儿讲李四，讲着讲着还有王五和赵六的故事，那么用户体验肯定是很差的。

（4）少上价值：电影解说不是电影解读，它针对的是电影本身，目的是让用户在较短的时间内看完一部电影。如果创作者用大量的篇幅去输出自己的感悟，给用户上价值，则会破坏叙事的流畅度。撰写电影解说脚本的时候，重心是如何把电影不失精彩地浓缩成3分钟的短视频，至于对电影价值的思考，在结尾处带上一两句即可。电影解说完全不同于影评，影评要更多地输出个人主观评价，而电影解说是对一部电影的客观转述。

清楚以上4个原则，我们就可以开始着手撰写电影解说脚本了，具体的步骤如图5-15所示。

第一步：选片。电影解说脚本的选片，和写文章时的找选题是一个意思，必须考虑到流量问题。热度或评分高的电影通常有较好的用户基础，与此同时，故事性强、视觉效果佳的电影在短视频的呈现上也更有优势。

```
电影解说脚本撰写 ─┬─ 第一步：选片 ─┬─ 热度或评分高
                 │               ├─ 故事性强
                 │               └─ 视觉效果佳
                 │
                 ├─ 第二步：找线、找点 ─┬─ 线：剧情线（起因、发展、经过、结局）
                 │                    └─ 点：高潮点
                 │
                 ├─ 第三步：串联 ── 把剧情线和高潮点串联起来
                 │
                 ├─ 第四步：填充与润色 ─┬─ 开场白
                 │                    └─ 起承转合
                 │
                 ├─ 第五步：匹配画面
                 │
                 └─ 第六步：完成脚本
```

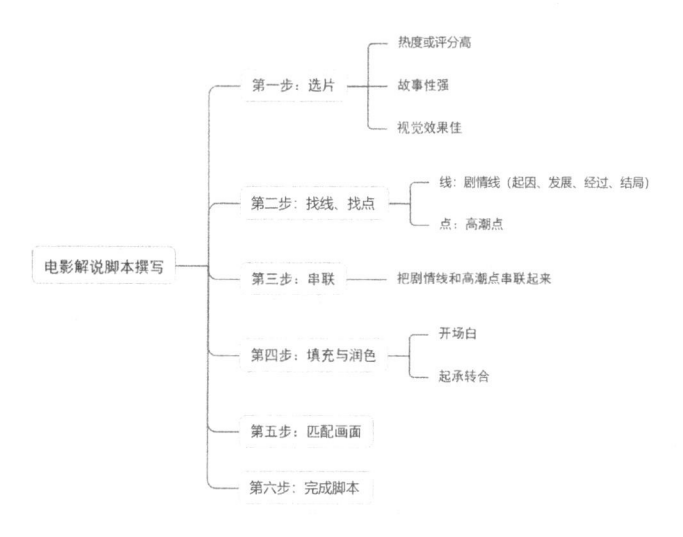

图 5-15

第二步：找线、找点。绝大部分电影都有一条（或多条）贯穿全片的剧情线，又有很多抓人眼球的高潮点。事情的起因、发展、经过、结局分别是什么，当中有哪些关键人物，又有哪些精彩绝伦的情节，这些都需要梳理出来。找剧情线和高潮点，是电影解说脚本写作的关键。

第三步：串联。将故事线与高潮点都罗列出来之后，接下来是做串联工作。用自己的语言把人物、事件、看点串联起来，形成一个带有细节的脚本梗概。记得要自己多读几遍，确保整理出来的脚本梗概逻辑清晰、表达顺畅。

第四步：填充与润色。如果说串联起来的剧情线和高潮点是电影解说脚本的骨架,那么填充和润色的内容就是它的血肉。光有梗概还不够,我们还需要填充内容、润色字句,让故事更生动、更丰满。其中特别要重视的是开场白和起承转合。开场白依旧遵循黄金5秒原则,用剧情亮点吸引用户;起承转合也很重要,单线叙述一个故事显得过于平淡,需要设计一些反转或悬念,让视频更具可看性。

第五步:匹配画面。可以这么理解,电影解说脚本是用来配合电影画面的文本,所以哪段文字对应哪个画面要标注好,这对于后期剪辑的帮助很大。

第六步:完成脚本。上述五步完成后,认真检查,即确认完成脚本,并对接后续的视频制作工作。

对于创作者来说,电影解说脚本写作最难的地方是压缩与转述。把一部几小时的电影压缩再压缩,压缩成几分钟的短视频,这本身就需要强大的内容消化和输出能力。压缩的同时,创作者还要转述给用户,而且在转述时要尽可能保留电影的精彩之处,挑战很大。

5.7 脚本变现:商业供稿与自行拍摄

在本章之前,我们介绍的几个平台的文案共同点是:完成之后就能作为自媒体内容直接发布。公众号文章、知乎回答、小红书笔记、今日头条文章都如此。然而视频脚本的性质不一样,它主要在幕后发挥作用,用于协助视频的拍摄与制作,也就是说,只有落地成为视频,它的价值才能体现出来。

基于此,短视频平台脚本最直接的变现方式就是商业供稿和自行拍摄，下面我们分别介绍。

1. 商业供稿

此前，我跑了广州和深圳许多大大小小的创意园，发现里面最多的居然是自媒体公司，要么是做直播带货的，要么是做短视频的，他们每天都要消化掉大量的视频脚本。这也在我的意料之中，自媒体行业蓬勃发展，自媒体公司如雨后春笋般涌现，对内容的需求自然也就多了。

视频脚本的商业供稿渠道如图 5-16 所示。

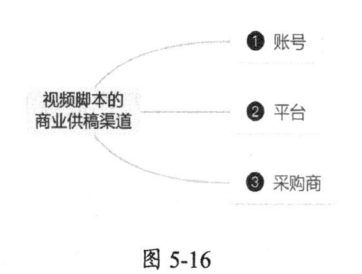

视频脚本的商业供稿渠道
- ❶ 账号
- ❷ 平台
- ❸ 采购商

图 5-16

1）账号收稿

如果我们多翻几个电影解说账号或剧情解说账号，就会发现有的账号主页简介中会标注"欢迎来稿"或"长期招聘线上编剧"，这种就是账号收稿。账号对外收稿，一种可能性是其自身的内容产能跟不上，另一种可能性是希望从外面吸纳新的内容，集思广益，给自己的内容带来更多的可能性。

添加账号联系人之后，对方通常需要创作者出示脚本作品，或者让创作者进行简单试稿，这在行业内属于常规操作，收稿的账号需要确定创作者是否具有足够的能力。

2）平台收稿

该类收稿主要出现在各种平台上,像豆瓣的文案组、带有征稿性质的公众号、文案类小红书账号等。这种形式的收稿通常是由于收稿人需要稿件,但苦于没有渠道,因此只能到平台上公开征集。

值得注意的是,由于这类收稿方式没有监管和约束,因此时不时会遇到"骗稿"现象,比如让创作者将稿子交上去,使用后却拒绝支付稿费。所以创作者在这种渠道投稿,最好问清楚对方来自什么公司,内容发布在什么平台,以及稿费结算的标准和周期如何。

3）采购商收稿

很多公司因为要考虑成本和人才流失问题,所以选择放弃培养内容人才,而是采用对外约稿或直接采购稿件的方式。品牌方也好,自媒体公司也好,都有这么干的。

采购商收稿通常是批量采购的,比如一次性采购50篇搞笑视频脚本,或者要求创作者一个月内交付30篇游戏解说脚本。对于这么大体量的需求,个人创作者一般没法承接,得几个创作者一起完成,或由一人承接下来再派给其他写手完成(现在有专门的内容供应公司,他们负责承接各类稿件,再外派出去,从中赚差价)。

现在的内容需求十分旺盛,好的视频脚本不愁没有人要,重点是能不能写出好的脚本。

如果创作者无法接受作为乙方给他人供稿,那么就自己写自己拍,间接利用脚本变现便成为最好的方式。

2. 自行拍摄

自行拍摄的视频可以投放到抖音或视频号上，变现渠道非常丰富，下面我们分别介绍。

1）抖音

抖音的变现渠道如图 5-17 所示。

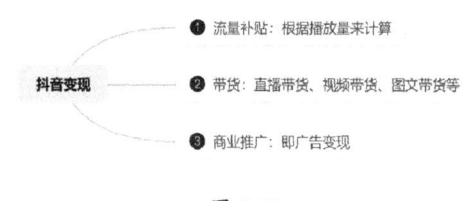

抖音变现
- ❶ 流量补贴：根据播放量来计算
- ❷ 带货：直播带货、视频带货、图文带货等
- ❸ 商业推广：即广告变现

图 5-17

（1）流量补贴：对于专注于内容的人来说，在不带货、不接广告的情况下，流量补贴是很不错的变现补充。抖音平台的流量补贴主要针对"中视频伙伴计划"，创作者只需要发布时长超过 1 分钟、画面比例为 16∶9 的横屏视频，一旦产生播放量，便能获得收益。该计划的早期收益很可观，1 万次播放能带来 100 元左右的收入，现在已经没有这么高了，同时要看视频的完播率、互动量等数据。如果选择自己写脚本自己拍，那么绝对不能错过这个计划。

（2）带货：带货在抖音上已经非常成熟，可以直播带货、视频带货、图文带货等。直播带货和视频带货通常是需要用到脚本的，设计好流程，把用户痛点和产品卖点阐述清楚即可。

（3）商业推广：具备接商业推广资格的账号需要一定的粉丝量，品牌方通常是通过星图平台下单与博主合作的。个人博主至少要有 1000 个粉丝才能开通星图；对于已经和 MCN 机构签约的博主，开通星图的要求更高,通常要求粉丝量达到 10 万以上。拥有这个粉丝量的博主,广告收益已经很可观了。当然,想要成为这个级别的博主,背后需要好的内容、好的脚本来支撑。

2)视频号

视频号的变现渠道如图 5-18 所示。

视频号变现
❶ 分成计划:根据播放量来计算
❷ 任务变现:完成官方任务
❸ 带货变现:直播带货、橱窗带货、视频号小店带货
❹ 互选广告:即商业推广

图 5-18

(1)分成计划:类似于公众号的流量主广告,只要视频的评论区广告被点击,博主就有收益分成,收益与视频的播放量成正比。这相当于锦上添花的变现渠道,无论是否参与分成计划,脚本都要写、视频都要发,那还不如顺带参与一下,多一份收入又不是坏事。分成计划的门槛很低,非常适合新手。

(2)任务变现:类似于今日头条的活动广场及抖音的全民任务,即按需求发布内容就可以瓜分收益。操作很简单,在创作者中心找到任务界面,根据任务描述和话题标签投稿符合要求的视频即可。

(3)带货变现:视频号最近两年的带货势头很猛,尤其是很多知识付费领域的大佬,都跑到视频号上做直播,因为视频号可以直接将用户引流到私域。视频号对于直播带货不设置门槛,来了就能播,新手也能操作。除了直播带货,还可以选择橱窗带货、视频号小店带货，区别在于是否自备货源。

（4）互选广告：从 2023 年开始，微信官方就要求公众号和视频号上的广告投放必须通过互选平台下单，类似于抖音的星图和小红书的蒲公英。官方指定广告下单平台，无非是出于对内容安全性的考虑，只有通过平台投放，平台才能第一时间对内容进行审核，避免伪劣产品和诈骗行为侵害用户的权益。开通互选平台，要求视频号粉丝量达到 5000，想要达到这样的粉丝量需要一定的内容生产能力。

在短视频平台上变现，和在图文平台上变现的逻辑是一样的：先要具备内容生产能力，然后拿着内容到平台上去撬动流量，能撬动的流量越多，获得的收益就越高。

不管说多少遍，核心还是要把内容做好。

第6章

写作相关工具

6.1 用于写作的AI工具

前两年，AI 工具刚开始被应用到写作领域时，我身边很多的内容创作者都十分排斥。那段时间，只要有聚餐，他们就会做三件事：吃饭、喝酒、骂 AI。

很多内容创作者都认为不能任由 AI 发展，不然大家的饭碗会被抢光。我懂他们内心的排斥，他们觉得一旦内容壁垒坍塌，自己的优势就会消失。但我偏偏要说，将 AI 工具应用到写作领域，受益最大的其实就是内容创作者。

现在的 AI 工具已经非常智能，尤其是在文本创作上，只要输入指令，它基本上就能生成较为完整的内容。不过它的短板是，输出的内容在表达层面上较为生硬，也不会对外给出明确的价值导向——换言之，你能很明显地感受到，尽管 AI 工具很强大，但它仍然无法 100% 接近人类的表达，更不能比肩人类创作的内容在情感深度、个人经验、价值观等方面的巨大贡献。滂沱大雨中的离别，和煦春风里的重逢，AI 永远体会不到。

所以，我们面对 AI 技术的突飞猛进，第一反应不应该是感到慌张和抵触，而应该是思考怎么对其加以利用，让 AI 工具更好地辅助自己，提高工作效率。

现在市面上可以应用在写作上的 AI 工具有很多，本章将介绍 3 个常用的 AI 工具，如图 6-1 所示。

```
         ① Kimi
AI工具   ② 腾讯元宝
         ③ 文心一言
```

图 6-1

1）Kimi

Kimi 人工智能助手，由北京月之暗面科技有限公司开发。整体体验下来，我觉得它的文本创作能力极强。

首先，它可以对互联网内容进行搜索及快速整理，抽取出有用的信息进行创作；其次，它可以阅读本地文件，对文件内容进行分析处理，一次可以上传 50 个文件，格式包括 pdf、word、txt、ppt、jpg 等，也就是说，创作者如果想对某个文件进行优化，那么完全可以交给 Kimi 来操作；再次，如果我们要写论文、写长篇报告，那么 Kimi 能发挥很大的作用，它最多能处理和生成多达 20 万字的文本，是国内市场上支持输入汉字数最多的 AI 工具；最后，Kimi 并不死板，它能快速整合用户提供的信息和网络上搜索到的数据，创作出内容丰富、信息准确的文本，风格多样，可严肃、可俏皮。

目前，Kimi 完全免费使用，在微信端搜索同名小程序、登录网页版，或下载 Kimi 官方 App，即可直接使用。

2）腾讯元宝

腾讯元宝是由腾讯开发的大型语言模型，能够为用户提供各种问答式服务，你可以跟它聊科学、历史、文化、技术，也可以问它生活、学习、职场等方面的问题。

腾讯元宝在写作应用上的优势是：首先，开发者将腾讯元宝设计成能够理解和模拟人类情感表达的模型，使得它在写作时能够考虑到用户的感受，使文章更加贴近用户的需求；其次，腾讯元宝擅长从新的数据和反馈中学习，是可以被使用者训练的。

同样地，腾讯元宝是免费使用的，直接在微信里搜索同名小程序即可使用。

3）文心一言

文心一言由百度开发，在功能上能够与人互动、回答问题、协助创作。

要说文心一言在写作上的优势，大概是它的知识库足够庞大，毕竟背靠百度，有比较深厚的积淀，能够访问和整合大量的信息，包括各种学科专业知识、百科知识及生活常识等。

目前，文心一言 3.5 版本是免费使用的，而 4.0 版本是付费使用的，后者功能更强大。

各位读者应该能发现，市面上有很多付费的 AI 工具，但我推荐的这 3 款都是免费的。一方面，它们足够满足基础的文本创作需求；另一方面，我们不用一上来就急着付费，最好先使用免费功能，之后根据自己的需求升级，再慢慢解锁付费功能。

清楚了市场上的常用 AI 工具之后，我们就可以开始学习它们的使用技巧了。可能会有人说："这不是很简单吗，直接要求它们给我写文案不就行了吗？"真的是这样吗？我们不妨来试试。

如图 6-2 所示，我们向 Kimi 发出指令，让它写一篇主题为"如何快速提高写作能力"的文案。

第 6 章 写作相关工具

图 6-2

得到的创作文案如下。

大家好,我是[你的名字或昵称],一个热爱文字的写作爱好者。今天,我想和大家分享一些实用的技巧,帮助你在写作的道路上快速提升!

1. 广泛阅读

阅读是提升写作能力的基石。通过阅读,你可以学习到丰富的词汇、多样的句式和引人入胜的叙事技巧。每天至少阅读 30 分钟,无论是小说、散文还是非虚构作品。

2. 坚持日常写作

写作是一种技能,需要通过不断练习来提高。每天设定一个写作目标,比如写一篇日记或 500 字的短文。坚持写作,你会发现自己的进步。

3. 学习写作技巧

了解并掌握不同的写作技巧，如叙事、描写、对话等。可以通过参加写作课程、阅读写作指南或加入写作工作坊来学习。

4. 获取反馈

写作不是孤立的活动。向他人展示你的作品，并积极寻求反馈。这不仅可以帮助你发现问题，还能激发新的灵感。

5. 编辑和修订

初稿只是开始。学会自我编辑和修订，这是提升写作质量的关键步骤。不要害怕删除或重写，每一次修改都是向完美靠近的一步。

6. 保持好奇心

对世界保持好奇，这会为你的写作提供无尽的素材。观察生活中的细节，思考它们背后的意义。

7. 设定写作目标

给自己设定清晰、可实现的写作目标。这可以是完成一篇小说、写一篇博客文章或参加一个写作比赛。

8. 使用写作工具

利用现代技术，比如写作软件、App 或在线资源，来提高你的写作效率。这些工具可以帮助你组织思路、管理文档和检查语法错误。

9. 享受写作过程

最重要的是享受写作带来的乐趣。不要给自己太大压力，享受每一个字、每一个句子的创作过程。

10. 持续学习

写作是一个不断学习的过程。保持开放的心态，不断学习新的知识和技能，这将使你的写作内容更加丰富和深刻。

小贴士：记住，每个伟大的作家都曾是初学者。不要害怕犯错，每一次尝试都是向前迈出的一步。

基于 Kimi 强大的能力，生成的文案非常成熟。不过仔细一看你会发现，Kimi 似乎只是冷冰冰地给出了几个提高写作能力的方法，没有展现太多作者的个人信息和写作风格，也没有列举具体的例子，文案字数不多，内容比较简单。

这里就要提到大部分 AI 工具的执行原理了。AI 工具不是创作者肚里的蛔虫，能知道创作者具体想要什么，也不可能根据自己的感觉来，想干什么就干什么，它是根据创作者的指令来执行任务的。创作者提供的指令越具体，它提供的方案就越接近创作者的需求。

可见，在 AI 工具的文本生成过程中起决定性作用的是创作者发布的指令。所以，如何发布指令是至关重要的。

发布指令要用到精准的提示词，提示词的作用是引导 AI 工具按照指定方向输出内容。那么，怎样给出提示词，AI 工具才能生成符合创作者需求的文案呢？

给出提示词可以用到以下公式，如图 6-3 所示。

提示词 = 角色 + 背景 + 任务 + 需求

图 6-3

（1）角色（Role）：为了让 AI 工具更清楚创作者的需求，创作者通常需要把自己或自己期望的角色赋予 AI 工具。举个例子，假如张三是一名公众号作者，他希望 AI 工具站在他的角度，以他的身份创作内容，那么他就要赋予 AI 工具公众号作者的角色。

（2）背景（Background）：赋予 AI 工具角色之后，还要交代清楚角色的背景。比如，张三的背景包括聚焦什么自媒体平台、经验如何、擅长什么领域、有过什么成绩等，那么要将这些信息向 AI 工具交代清楚。也可以将这些背景信息视作即将让 AI 工具做的事的相关背景，本质上都是让 AI 工具接收更全面的信息。

（3）任务（Task）：创作者让 AI 工具做的事，比如围绕某个主题写一篇文章。

（4）需求（Request）：对任务的具体要求，越具体越好。比如要求什么文体类型、需要什么行文风格、字数限制是多少、文章中要出现什么案例和数据，等等。

由此可以看出，前面命令 Kimi 写一篇主题为"如何快速提高写作能力"的文案，给出的相关提示词过于简略，以至于效果不理想。

下面按照以上公式把指令细化一下：你是一位拥有 50 万名粉丝的小红书博主（角色），擅长指导别人写作，已为 2000 名以上的学员提供了写作培训，帮他们获得了超过 80 万元的稿费（背景），现在请你写一篇关于"如何快速提高写作能力"的小红书文案（任务），要求文风轻松，分点论述，有具体案例，不超过 1500 字（需求）。

将此指令发送给 Kimi，很快，Kimi 根据指令创作出了以下文案。

Hey，亲爱的小伙伴们！我是你们的文字魔法师[你的名字或昵称], 在小红书的写作海洋里, 我已经带领2000+的小伙伴航行过稿费的星辰大海, 累计收获超过80万元的稿费宝藏。今天, 我要和大家分享一些轻松易懂的写作提升秘籍, 准备好了吗? 让我们一起飞升写作大神!

快速提升写作能力的五大法宝:

1. 海量阅读,吸收宇宙精华

记得小A吗? 她最初提笔就头疼。我建议她每天至少阅读30分钟, 从小说到诗词, 从科普到哲学。一个月后, 她的文字就像被施了魔法, 变得生动有趣。阅读, 是写作的养分!

2. 每日练笔, 让笔尖跳舞

写作就像跳舞, 不练习怎么行? 我让每个学员每天至少写300字, 哪怕是记录生活的点滴。小B就是这样的, 从最初的流水账, 到现在能写出让人心动的散文。

3. 学习写作技巧, 掌握魔法咒语

别以为写作只靠天赋, 技巧同样重要。我推荐大家学习一些基本的写作技巧, 比如"展示, 不告诉"原则, 让你的文字更有画面感。

4. 加入写作社群, 找到你的写作伙伴

独乐乐不如众乐乐。加入写作社群, 和志同道合的朋友一起交流, 不仅能获得灵感, 还能得到宝贵的反馈。

5. 参加写作挑战, 激发你的潜能

我经常组织写作挑战, 比如"30天写作马拉松"。小C就是通过这样的挑战，从写作小白成长为专栏作家的。

6. 模仿大师作品，站在巨人的肩膀上

模仿是学习的第一步。我让小 D 模仿村上春树的文风写一篇短文，结果他的写作水平突飞猛进。

7. 勇于尝试不同文体，探索写作的无限可能

不要局限于一种文体。小 E 尝试了诗歌、散文、小说等各种文体，最终找到了自己的写作定位。

8. 编辑和修订，打磨你的宝石

好文章是改出来的。我教小 F 如何自我编辑，他的初稿经过几次修订后，质量大大提升。

9. 保持好奇心，让灵感源源不断

好奇心是最好的老师。小 G 对周围的事物充满好奇，这让他的文章总是新颖独特。

10. 享受写作过程，让文字成为你的朋友

最后，别忘了享受写作的乐趣。小 H 告诉我，自从他开始享受写作，灵感就像泉水一样涌出来了。

案例分享：小 I 的写作逆袭

小 I 是我今年的学员，一开始他对写作毫无头绪。我建议他从模仿开始，选择模仿他最喜欢的作家王小波。几周后，他交出了一篇让人惊艳的杂文，连他自己都不敢相信。

在评论区告诉我你的写作困惑，或者分享你的写作进步，我们一起交流，一起成长！

相比于之前在简单指令下生成的内容，这次生成的内容在质量上有了很明显的提升。显然，指令越详细，创作出来的文案越优质，也越贴近创作者的需求。

在某种程度上，创作者和 AI 工具的关系就好比甲方和乙方。甲方提的需求越具体，乙方就越能精准把方案做出来。当过乙方的朋友应该都知道，当甲方说"随便"时，基本就等于"完蛋了，这下有的折腾了"。

尽管 AI 工具给出的第二篇文案已经非常优秀，但距离发布的水准还是有些远的。这也说明了 AI 工具更多只是辅助性工具，它所做的是根据指令快速汇总各种有效信息，搭好文章框架。生成对应的文章之后，仍需要创作者进行修改和润色。

从头到尾，主导者都是创作者本人。虽然 AI 工具在写作上的参与度已经很高，但人类创作者才是最终的决策者。

6.2 自媒体排版工具

自媒体平台发展到现在，大部分都支持文字排版、图片制作、视频剪辑功能。比如，公众号、知乎、今日头条等均支持文字和图片的基础排版，用平台自带的编辑器就可以实现。

不过，自媒体终究是内容平台，只能提供基础的编辑和排版服务，想要让排版更精美、更复杂，则需要借助一些排版工具。

1. 公众号排版工具

作为图文平台,公众号近几年来支持的文字和图片样式越来越丰富,出现了各种极具个性的字体、能自动翻页的图片,甚至能与用户进行交互的插件,比如在有些公众号文章中,你点击屏幕后,相关的内容可能旋转、跳跃,或者"阅后即焚"。

公众号平台本身是没法实现这些效果的,要想实现这样的效果,必须用到站外排版工具。常用的公众号排版工具如图6-4所示。

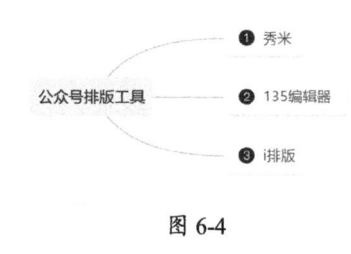

```
                     ❶ 秀米
公众号排版工具        ❷ 135编辑器
                     ❸ i排版
```

图6-4

1)秀米

我与秀米这个编辑器之间,曾有一段辛酸的往事。

我实习做新媒体编辑那会儿,时不时会接一些商业推文撰稿的私活儿,单篇文章稿费200元。当时,有个客户说希望文章里的图片可以左右滑动,听到这个要求,我彻底傻了,我一个写文字的,又不是做设计的,哪里懂这些?不过,自己再不懂,也不能在客户面前露怯,于是我硬着头皮答应了。我找了一个设计行业的朋友合作,心想,图片左右滑动的效果应该很复杂吧,200元稿费怎么也要分一半给他吧……

就这么合作了半年后,有一次他在外面,没带电脑所以无法做图，于是就让我自己弄。我问怎么弄，他让我登录秀米，直接上传图片即可。用不到 3 秒钟，图片滑动效果就实现了。我差点儿哭出来，原来这么简单！于是我质问他："在这半年里，无数次，你 3 秒就挣我 100 块钱，你的良心难道不会痛吗？"他说："很痛，不过不挣这钱心更痛。"这件事告诉我们，信息差就是钱。

秀米的功能很齐全，可以说能满足市面上绝大多数的图文排版需求。

进入秀米的官方网站，如图 6-5 所示，页面左边为编辑工具，里面的排版功能很齐全，包括标题、卡片、图片、布局、SVG（可缩放矢量图形）、组件等，且每个模块的功能也很丰富。比如图片的可选择样式有基础图片、单图、双图、三图、多图、圆弧图、背景图等；SVG 的动画效果有翻页、缩放、视差滑动、轮换转场、点击答题、点击消失等，超过 20 种。

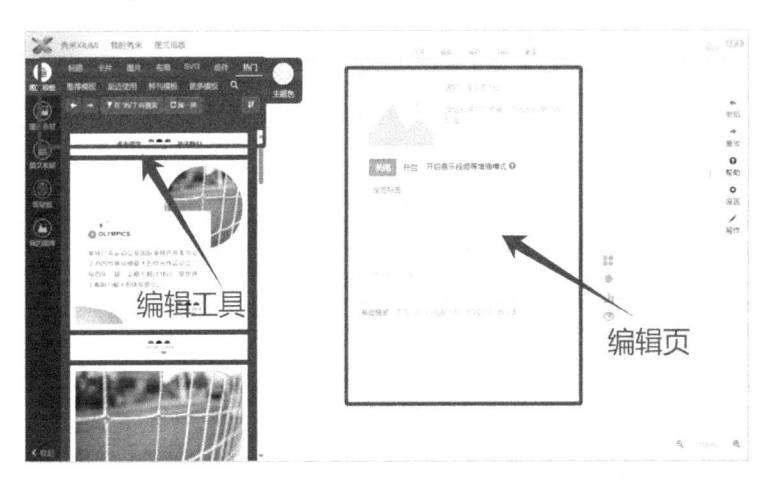

图 6-5

页面右边为编辑页，依次填入标题、封面、摘要、正文即可进行内容编辑。在右上角的"更多"选项里，可以导入 Word 和 Excel 文档，以及将图文分享给其他用户等。

总的来说，秀米的功能很齐全，也很强大。别忘了很重要的一点，它是免费使用的。

2）135 编辑器

135 编辑器的页面布局比秀米更精细一些。

如图 6-6 所示，页面左边是各种高级编辑工具，比如一键排版、在线作图、AI 排版等；页面中间是编辑页，上方显示了一些基础编辑工具，和公众号自带的编辑工具差不多，主要提供字体、字号、行距设置，插入图片，插入链接等常用功能；页面右边为图文处理工具，可以导入文章进行编辑，直接把图文内容同步到公众号，或生成长图文并分享，功能非常齐全。

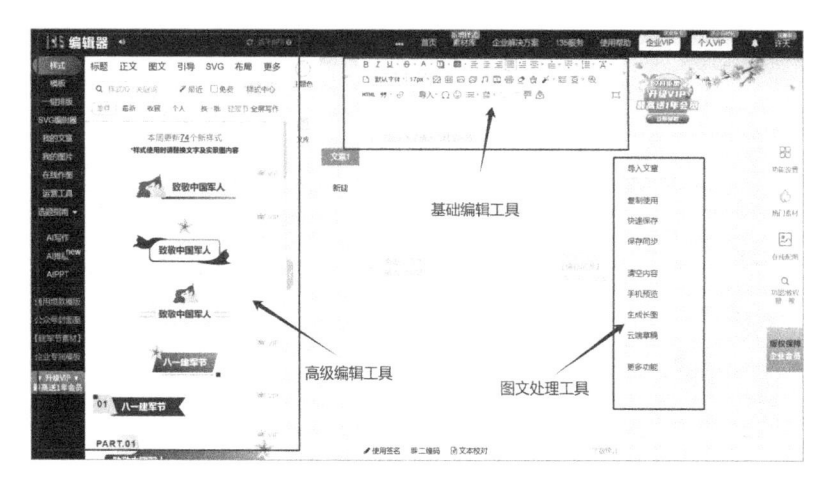

图 6-6

很明显，135编辑器的商业化更明显，很多工具和素材都是VIP用户专享的，也正因如此，它的某些付费功能都很智能。

3）i排版

我最初知道i排版这个工具，是一位时尚账号编辑告诉我的，她说美妆和时尚领域的自媒体博主都习惯用这个工具。

其实多数时尚自媒体编辑喜欢用i排版，很重要的一个原因是，i排版的整体风格简约，充满高级感。

如图6-7所示，单纯从页面结构和功能上来看，它和前面介绍的两个工具差异不大，这里就不再赘述了。

图6-7

公众号排版，有这3个工具基本上就够了。具体选择哪一个，我个人不做推荐，建议各位创作者都体验一下，选择最适合自己的。

既然提到了排版工具，那么这里就顺带说一下公众号排版的注意事项,主要分为以下几个方面。

(1)文字:文字作为公众号内容的主要构成,其字体、字号、颜色、间距等都会直接影响阅读体验。字体应清爽,不要影响文字识别。字号不宜太大,也不宜太小,建议 14px 到 24px 之间,受众为老年人群体的账号可以把字号调大一点,方便用户阅读。文字颜色不宜花哨,一篇文章中的文字颜色两种为好,以黑色为主,重点字句可以用不同的颜色标记。段前和段后间距一般选择默认值 24,行间距选择默认值 1.6 倍行距。

(2)对齐:指的是文字和图片的左右对齐方式。公众号文章是从上往下看的,同时文字是从左往右读的,所以文字建议左对齐,或居中对齐,图片建议居中对齐,方便阅读。

(3)配图:公众号文章经常用到配图,我个人建议创作者在排版时适当插入图片。配图一方面可以作为内容补充,另一方面可以缓解阅读疲劳。上传的配图尺寸推荐为 900 像素×500 像素。值得注意的是,配图应尽量清晰,但也不能占用内存过大,公众号允许上传的图片大小最大为 10MB,超过这个数值就无法上传。

(4)版头和版尾:经常看公众号文章的朋友应该有留意到,有些公众号文章是有版头和版尾的,行业内也叫头图和底图。版头就是文章开头处放置的具有标识的图片,可能是公众号作者的照片,也可能是公众号的 slogan。版尾和版头的意思差不多,只不过位于文章底部,一般是二维码和公众号卡片。使用具有个人风格的版头和版尾,可以让账号更有辨识度。

作为内容创作者,我们一定要在排版上多花些心思。因为现在市面上各式各样的账号实在太多了，如果能在内容排版上打造鲜明的个人风格，那么不仅能让用户有良好的阅读体验，还能让他们记住我们。

2. 小红书排版工具

在小红书平台上，文字通常会出现在两个不同的地方，一是正文里，二是图片内页中。

正文文字直接编辑即可，无须在站外加工，而图片内页中的文字属于图片和文字的结合，通常需要用到其他的排版工具进行编辑。小红书常用的排版工具如图 6-8 所示。

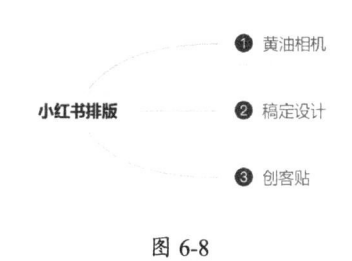

小红书排版
① 黄油相机
② 稿定设计
③ 创客贴

图 6-8

1）黄油相机

推荐黄油相机的原因是，它不但在图文编辑上非常人性化，而且非常契合小红书的风格——精致、简约、清新。

黄油相机刚刚推出时，其功能集中在拍照和人像美化上。后来因为太多用户用黄油相机来编辑小红书笔记，所以官方推出了"笔记封面"和"文案"等专为小红书创作者设计的功能。由此可见，自媒体平台的影响力有多大！

创作者在编辑小红书笔记时，不用担心自己的审美不够好，因为黄油相机里有海量的现成模板，直接套用即可，如图 6-9 所示。

图 6-9

2）稿定设计

稿定设计是一个功能强大的在线设计网站（也有手机 App），主打各种图片制作，能够满足小红书、公众号、视频号等各类自媒体平台对封面和图文的要求。建议使用网页版，因为在电脑上操作会更方便。稿定设计的网页版页面如图 6-10 所示。

图 6-10

3）创客贴

创客贴和稿定设计很相似，可以登录图 6-11 所示的网页版，也可以下载手机 App。创客贴中有着大量适合小红书的图文模板。我觉得创客贴最大的优势是它的海报素材库，其丰富程度可以说令人瞠目结舌，直接点击"编辑"即可生成海报。

图 6-11

不得不说，因为自媒体内容需求庞大，所以图文相关的排版工具非常之多。如果创作者对每一款都要学习和驾驭，那么时间成本会很高，建议选择适合自己的一两款，把功能逐一解锁，深度使用，熟练掌握即可。工具不在于多，而在于用着顺手。

6.3 金句搜索工具

现在各大自媒体平台中都有一种非常流行的内容形式——某些作家或企业家的名言名句。

很多时候，这些句子甚至都不是当事人说的。前不久我就看到鲁迅先生的人像下面配着几句特别"鸡汤"的话，用词很"现代"，估计鲁迅先生自己都不知道他说过这些话。但即便如此，也不妨碍这张图片被转发了上万次。

为什么这类内容能够流传如此之广，仅仅是因为它们出自名人之口吗？我们先来看一个例子。相信很多人都不认识茨威格，也没有看过《断头皇后》这本书，但"她那时候还太年轻，不知道所有命运赠送的礼物，早已暗中标好了价格"这句话，很多人都再熟悉不过。很多时候，书中的一两句话可能比图书本身出名，甚至比作者出名，这就是金句的威力。回过头来看自媒体平台中很多出处不对的金句被大量转发的原因，就很容易理解了。用户在意的是金句本身，而非金句出自谁的口。

一般来说，金句都有以下共同点。

（1）精简：现实生活中，很多人都没有读完一本书的耐心，人们更倾向于接受那些简单的信息。对于自媒体内容来说，精简意味着高效，意味着更容易抓住人心，所以金句一定是精简的。

（2）易读：金句的遣词造句一定不是拗口的，而是像顺口溜一样轻松易读、朗朗上口的。通常情况下，大白话要好于文言文和古诗词。肯定有读者会问，那"有朋自远方来，不亦乐乎"和"床前明月光，疑是地上霜"为什么广为流传，它们就是文言文和古诗词啊？实际上这与这两句话入选课本有很大关系。记住，金句普遍是易读的。无论是文章还是句子，只要是复杂难读的，其传播成本都很高，无法做到广为流传。

（3）共鸣：在情绪或观点上引发共振，这是金句被广泛传播的关键点，也是必备因素。显然，别人不会因为一句话足够精简和易读就转发它，转发一定是因为这句话引起了他的共鸣。

总的来说，大部分金句都是精简、易读，且能引发共鸣的。创作者在文章中插入金句可以大大提升文章的深度、记忆性及传播性。

下面我们为大家介绍几个常用的金句搜索工具。

1）一言

如果需要找作家名言、经典诗歌、影视台词金句等，选择一言App比较适合。

如图6-12所示，一言App首页会显示每日推荐的金句，向左划，金句无限供应。还可以查看往日推送的金句，一言官方给这个功能起了一个很浪漫的名字——穿越。发现页中显示了内容分类，如诗、电影、语录、歌词、音乐等，可以根据自己的需要进行摘录。当然，很多人未必有摘录金句的习惯，而是希望在用到的时候可以直接搜索,这时可以点击右上角的"放大镜"图标,根据关键词来搜索金句。

2)句子控

对于文案金句的收集,句子控 App 的素材库更加丰富。

如图 6-13 所示,打开句子控 App,首页显示"每日十句",即每天推荐 10 句金句,同时匹配简约的背景图片,力求给用户带来良好的阅读体验。对于自己喜欢的句子,用户可以将其收藏在收藏夹中,方便在之后的写作中运用,也可以将其生成图片分享到各大社交平台上。

图 6-12

图 6-13

同样地,句子控支持金句搜索,输入关键词就能看到相关的金句,而且这些金句不是单纯地通过简单的字符匹配的,而是包含了通过意境匹配的内容。什么意思呢?举个例子,比如你搜索的关键词是"遗憾的句子",如果按简单的字符匹配,那么出来的句子全是带有"遗憾"二字的。但句子控是根据关键词意境去匹配的,其给出的"遗憾的句子"如下。

- 每朵云都下落不明,每盏月亮都不知所踪。
- 太阳不是突然下山的,我想你也懂。
- 没事,只不过是恢复原状罢了,我本来就一无所有。
- 我们好像不该这样,不止这样,但只能这样了。
- 你不断翻文案,只不过是在找一个替你讲故事的人。

感受一下,匹配程度非常高——字字不说遗憾,却字字都是遗憾。

如果你要写一篇基调偏伤感的文章,那么推荐使用句子控,搜索关键词,将合适的金句应用在文章中,效果会很明显。创作者在写作中会遇到不同的题材,所需的金句也不一样,句子控的搜索功能恰好可以很好地满足这种流动性的需求。

除了金句素材库丰富,句子控还衍生出很多其他功能。比如,通过 AI 生成多种场景下的文案,可以选择文风;再比如,用户可以在社区中分享和交流,获得共鸣和思想碰撞。

整体而言,句子控作为金句搜索类工具,无论是在使用体验上,还是在素材丰富度上,都做得很到位。

3)纸条

现在很多高中生在写作文时都会用到纸条 App,里面有大量的作文干货,比如模板公式、案例素材、高分论点等。

除了能够为学生写作文提供帮助,其丰富的素材也能为自媒体创作者提供灵感。如图 6-14 所示，打开纸条 App，依次选择"发现"——"句子"，我们需要的金句就在这里，纸条支持收藏金句，也支持搜索金句。

图 6-14

纸条中的金句大多是按主题被分类和汇总的，比如你要找关于"梦想"的金句，就可以打开"梦想"主题合集，并获得以下金句，创作者可以根据自己的需求进行选择。

- 要向一颗微不足道的小星学习，可以微弱，但要有光。
  ——毕淑敏《我喜欢辽阔的地方》
- 我有无数金色的梦想，遗失在生活的路上。——顾城《中

秋漫笔》
- 只有用水将心上的雾气淘洗干净，荣光才会照亮最初的梦想。——马尔克斯
- 如果你想真的实现梦想，最快捷的方式便是竭尽所能地过好今天。——松浦弥太郎
- 奈何一个人随着年龄的增长，梦想便不再轻盈，他开始用双手掂量生活，更看重果实而非花朵。——叶芝《凯尔特的薄暮》

可能会有读者问，文章中的金句能不能自己写？自然是可以的。只不过，在写作初期，建议先不要自创金句，而是从引用名言名句开始，尝试模仿这些金句的结构和用词，慢慢培养感觉。

想要自己写出有传播性的金句，终归是要多练的。你想想，作家们写了一本又一本书，但其中广为流传的句子，也不过就那么几句。在多练的同时，还要多读，保证输入的数量才能保证输出的质量。

6.4 写作素材搜索工具

初中时，我写作文总喜欢自作聪明。对于一些命题作文，如果我实在想不到合适的名人轶事可以引用，我就想：能不能凭空捏造一个人物出来，然后根据论点去给他编个故事？

在这个过程中，最重要的是人物背景。如果是国外的人物，就想一个厉害且复杂的名字，比如"爱德华芙娜·彼得罗芙娜·罗马

诺维奇"。是不是很唬人?老师再博学,也不可能认识全世界的名人吧?而且这么长的名字还能作作文凑字数。一举两得!

于是,我就这么干了好几次,语文老师每次都没说什么。直到有一次,老师在课堂上点评作文,说道:"咱班好多同学,自己在那儿编各种名人轶事,我一眼就看出来了。别问我怎么看出来的,因为这都是我小时候玩剩下的。"我当时在下面听了,瞬间脸红,此后就再没干过这事了……

提起这件往事,是想延伸出一个问题:为什么在写作中要用到素材,而且要求这些素材是真实的、尽可能被大众熟知的?

要想搞清楚这个问题,我们要先搞清楚素材对于写作而言的作用与意义,如图6-15所示。

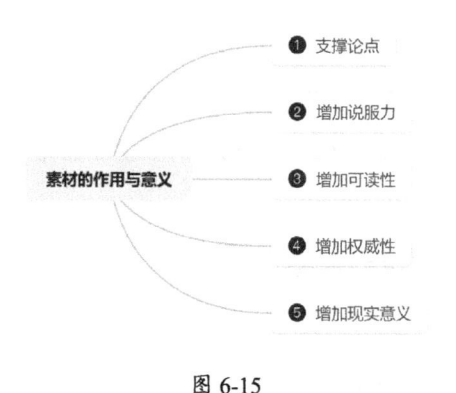

素材的作用与意义
1. 支撑论点
2. 增加说服力
3. 增加可读性
4. 增加权威性
5. 增加现实意义

图 6-15

(1)支撑论点:绝大多数时候,写文章需要提出一个明确的观点,提出观点后需要通过论据来论证观点。素材可以作为论据,起到支撑论点的作用。

(2)增加说服力:创作者要想让他人认同自己的观点,不能只靠几句话来劝说，素材中的真实案例、权威数据、研究结果等可以起到增加论点的可信度和说服力的作用。

（3）增加可读性：估计绝大多数人都害怕读论述性的文章，长篇大论简直是助眠的灵丹妙药，没读几行，眼皮已经抬不起来了。如果能多用素材，其中的案例、情节、人物、对话、数据等能增加可读性，用户读起来将不会感到那么枯燥乏味。

（4）增加权威性：这是毫无疑问的，别人愿意相信你自顾自说的话，还是愿意相信媒体的报道、科学的调研、反复验证的数据？显然是后者。后者更容易令人信服，因为它更有权威性。

（5）增加现实意义：别人为什么要认同你的观点、转发你的文章？很重要的一点是，对方认为你的内容有现实意义，有生活价值。而要达到这个标准，使用素材是不可或缺的。如果没有翔实的事例和具体的数据，文章很容易陷入一种空洞状态，让读者有割裂感，进而无法感同身受，引起共鸣。

我们在写作中可以通过哪些工具去搜索和获取素材呢？这里列出了几个常用工具，如图6-16所示。

素材搜索
❶ 人民日报
❷ 发现报告
❸ 中国知网

图6-16

1）人民日报（社会新闻类素材库）

我在之前的章节中强调过，在自媒体平台上创作，什么内容该写，什么内容不该写，创作者心里一定要有一杆秤。

之所以这么说，不只是考虑到内容安全，更多的是希望创作者做内容是有底线的，不要为了追逐流量而去写各种违背公序良俗和道德底线的文章。我曾看到过一些业内的公司，专门靠那些制造男女对立、挑起国仇家恨的文章来获得流量，这种行为是无论如何都不能做的，怎么能为了自己的利益而去制造社会乱象？

推荐大家在人民日报（App 版本）上获取素材。一方面，上面的信息都是经过官方核实才发布的，真实可靠，避免传播失实信息，误导大众；另一方面，其内容版块很丰富，包括时政、国际、社会、影视、军事、法治、体育、健康、生活、教育、文化艺术、时尚等，基本上任何选题都有对应的素材。此外，我个人很喜欢人民日报上一个叫作"锐评"的专栏，上面汇集了各种资深撰稿人对社会事件的点评，这些点评不仅犀利、一针见血，还在论述切入点、素材应用等方面为创作者提供了灵感，堪称典范，很值得借鉴。

建议每位内容创作者都能多看看人民日报，不仅是为了积攒素材，更是为了学习如何做内容。

2）发现报告（数据类素材库）

在文章中论证观点时，数据是一类很常用的素材——写当下年轻人的金钱观时，可能要用到近期年轻群体的消费数据；写 2024 年下半年的经济预测时，可能要用到 2024 年上半年的经济趋势数据。发现报告是一个提供各行业权威报告和数据的平台。

如图 6-17 所示，该平台的"发现数据"模块的数据分类包括产业概述、市场规模、竞争格局、产业链、政策法规、公司分析等；行业分类包括信息技术、金融、医药生物、电子设备、文化传媒等；数据时间可显示近 3 天、近 7 天、近 30 天的数据。

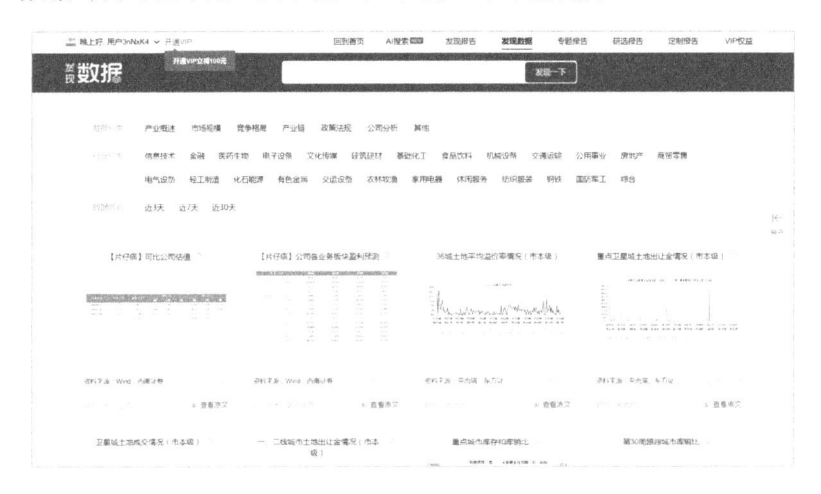

图 6-17

使用下来，我最直观的感受是：首先，发现报告平台资源丰富，几乎覆盖了各个领域；其次，该平台是实时更新的，紧跟行业动态，新的数据会被立刻同步上去，在信息时效性方面做得很到位；最后，其中的大部分报告是可以免费获取的，对于创作者来说很友好。

发现报告更多是一个数据报告的提供平台，无法在报告解析方面做到很深入，不过对于自媒体文章来说已经足够了。

3）中国知网（研究报告和文献类素材库）

看到知网，估计很多读者会一头雾水——这不是写毕业论文时用来查参考文献的网站吗？

知网应用最广泛的场景确实是查询文献，也正因为如此，它在日常写作中的潜能常常被忽视。大家普遍觉得这个平台太严肃、太学术化，质疑其是否真的能在自媒体写作中发挥作用。

在这里我可以确定以及肯定地说：知网不仅可以为自媒体写作赋能，而且可以很好地赋能。

知网作为中国最大的学术文献数据库之一，几乎涵盖了国内所有的学术期刊和学位论文，我们日常写作的大部分主题都可以在这里找到相对应的素材。而且知网的内容是与时俱进的，比如对于自媒体这个新兴行业，在上面搜"短视频行业"，立马就能弹出许多相关文章（见图 6-18），再来看看这些文章的标题，大致如下。

- 短视频：野蛮生长的"电子榨菜"？
- 短视频乱象当休矣。
- 短视频行业不能为了流量忽视质量。
- 快手可灵：拓展视频行业想象边界。

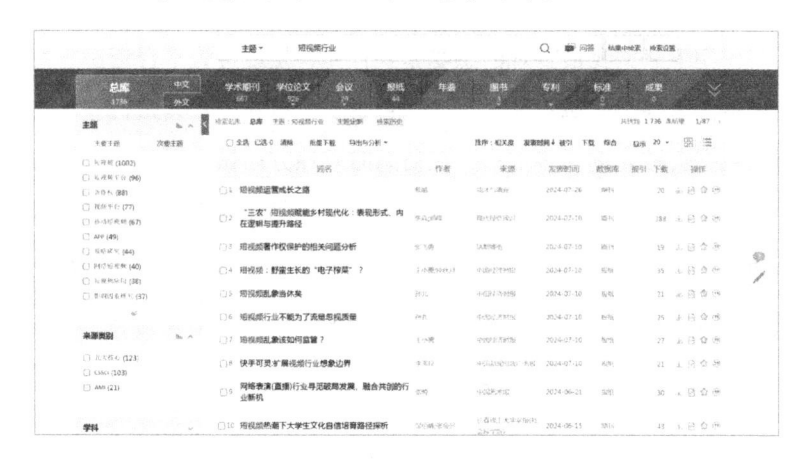

图 6-18

上述选题，如果放到自媒体平台上，相信也会是流量基础很好、很时髦的选题。知网的确更偏重于学术，但这并不妨碍它从学术的视角去研究各种热门话题。创作者可以从中学习，学习专家学者们怎么从学术的角度去看待当下的热点，他们用什么素材去论证自己的观点，以及里面的素材如何为我们所用。

如图 6-19 所示，从知网的"常用服务"和"周热词排行"中可以看到，知网在内容上是与时俱进的，像人工智能、网络暴力等热门领域，在知网上都能找到对应的文献。毕竟，知识平台上的内容是需要跟着用户需求的变化而变化的。

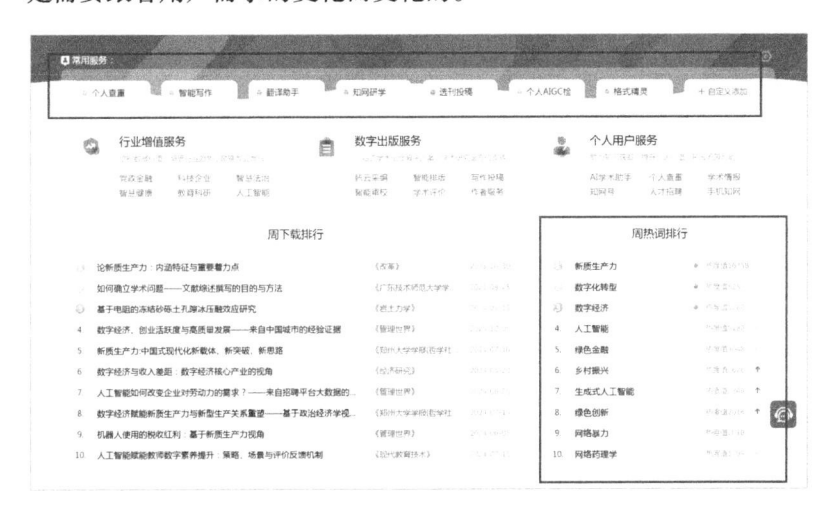

图 6-19

除了与时俱进，知网的检索能力也是"杠杠"的。知网提供了高级检索和专业检索等多种检索方式，可以从关键词、作者、机构等多个维度去检索素材。

更为重要的一点是，知网在很多时候意味着权威。很多学者和研究人员都在知网上获取学术信息，主要是基于它的权威性。权威这个特性，在内容领域扮演着异常重要的角色，越是权威的素材，越能获得用户的信任。

日常写作，使用以上 3 个素材搜索工具就完全够用了。在使用时，创作者应该如何搜索呢？这就要聊到素材的类型了。常见写作素材的类型如图 6-20 所示。

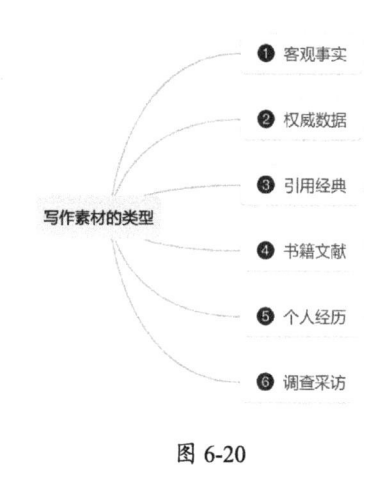

图 6-20

（1）客观事实：写作中最常用的素材之一就是客观事实。最好是新闻媒体广泛报道的社会性事实，用户对这样的素材已经有认知基础，阅读起来更容易理解和相信。

（2）权威数据：官方或权威渠道给出的数据，比如国家公布的经济数据、公司公布的财报数据、专家给出的科学研究数据等。

（3）引用经典：一般是指作家、专家、社会名人的故事，以及他们的观点。

（4）书籍文献：已出版的书籍，或者中国知网等平台可以查询到的论文等。

（5）个人经历：创作者自己的亲身经历和感受。

（6）调查采访：创作者亲自调查的结果，或者从受访者口中获得的第一手资料和声音。当然，个人创作者是没有新闻采访权的，通常只有新闻媒体会用到这类素材。

素材的搜索和使用是写作过程中的一个重要环节，它能够帮助创作者构建有说服力和吸引力的文章。正确和恰当地使用素材，可以使文章的内容更加充实、论点更加有力、表达更加生动。

素材在内容中的重要性不言而喻。因此，在撰写观点文时，精心挑选和使用素材是每位创作者的基本动作，素材不仅能够提升文章的质量，还能够加深读者对作者观点的理解和认同。

尽管我们在本章中强调了 AI 工具、排版工具、金句搜索工具、素材搜索工具等多种工具的好处，但这并不代表写作是一件可以完全依靠外部力量来完成的事。工具只是用来辅助写作的，创作者才是写作中的主导。

人类多样的情感思考，以及面对不同的社会问题时所经历的复杂心理活动，除了亲自描述出来，很难用其他工具将其落地成文。这也是写作这项工作历经几千年还存在的原因吧……

第 7 章

最值钱的流量——私域流量

第 7 章　最值钱的流量——私域流量

7.1　私域流量为什么重要

前几天我去吃猪扒包，在点餐的时候，店员很热情地给我介绍她们店里的招牌套餐，但在我想点饮料时，她却制止了我。她说："先生，饮料您可以不点的，扫下面这个二维码就能免费送。"

我以为二维码是用来评分或者注册会员的，结果一扫是工作人员的个人微信。她连忙补充，说这是店长的微信，要是不方便来店里就餐，就可以在微信上点餐，免费配送上门，平时也会有各种福利抽奖活动。我听后笑了笑，心想：好家伙，现在连餐饮店都开始运营私域了啊！

显然，这家猪扒包店不是个例，商场送小公仔的，要加你的微信；地铁口派传单的，要加你的微信；做电话销售的，无论有没有意愿，都要加你的微信——以往只有帅哥美女走在路上才会被要微信，现在人人都能享受这种待遇。

他们为什么千方百计要加你的微信呢？因为只要加到你的微信，你就成了他的"私域用户"。

我们行业内流行一句调侃的话："现在哪个平台的流量最值钱？是公众号、抖音，还是小红书？都不是，是私域。"我觉得这不是什么玩笑话，而是大实话。

如今，无论什么行业、什么类型的品牌，都发力汇聚自己的私域流量。这背后的原因是，在特定场景下被引流到私域的用户，无论是从精准度上，还是从商业潜力上，都是最优质的那一批用户。

根据微信官方公布的数据，每天有 7.8 亿人会浏览朋友圈。对商家而言，如果能把这些用户引流到微信私域，那么他们就能以朋友圈运营为主去促成交易。

把用户引流到私域有几个明显优势，如图 7-1 所示。

私域优势
- ❶ 更高的销售自由度
- ❷ 更直接的用户教育
- ❸ 反复触达用户
- ❹ 强化商家个人 IP
- ❺ 提高复购率和连带销售率

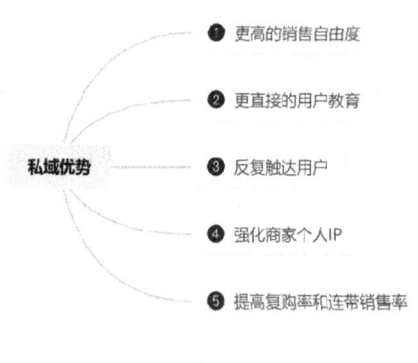

图 7-1

1）更高的销售自由度

在平台上买卖产品必须遵循平台的交易规则——要具备什么资质、哪类产品不能卖、什么广告语不能用等，都有明文规定。如果商家不遵守交易规则，则可能出现产品无法上架或账号违规的情况。

而将用户引流到私域，销售的自由度就高了很多。通常情况下，从公域引流到私域之后，商家和用户之间聊了什么，以及商家在朋友圈发了什么，微信平台是不做限制的，监管部门也不会严管，这就给了商家比较大的操作空间，他们可以在很大程度上放飞自我。

当然，较高的销售自由度不代表私域商家就可以为所欲为，随意在法律边缘试探。做产品也好，提供服务也好，只有保证品质、做好口碑，才能走得更远。

2）更直接的用户教育

我们来做个简单的测试，你不妨问问身边的朋友："吃汉堡和薯条的时候，一般会搭配什么饮料？"我猜，大部分人会回答"可乐"。你要追问他们为什么是可乐，他们可能会反过来问你："汉堡和薯条不就应该配可乐吗？"

是啊，汉堡和薯条就应该配可乐，而不是别的。这种固定组合已经深深烙印在了绝大部分人的心里，这就是用户教育的结果。

可口可乐公司不断地用广告来教育大众，汉堡和薯条配可乐才是最美味的，这是最理想的搭配。久而久之，这个理念在大众心里生根发芽，根深蒂固。

商家把用户引流到私域，可以不断对用户进行教育——我的产品超级棒，超级值得购买——不断灌输和引导用户，让用户从慢慢受到影响到逐渐完全认同。而这一切在微信聊天和朋友圈中进行，无疑是最直接的路径。

3）反复触达用户

我们都知道，微信公众号每天只能进行一次推送。虽然抖音、小红书、知乎等平台在发布次数上不做限制，但是太频繁地发布内容，如果无法保障内容质量，则反而会影响账号权重。而将用户引流到私域，就可以巧妙规避这类困扰。商家可以通过朋友圈和社群反复触达用户，对用户进行教育。

我问了几位做知识付费的朋友，他们平均每天要发多少条朋友圈，得到的普遍答案是3~4条。一方面，用户的朋友圈随时会有新的动态出现，需要保证一定的更新频率才会被看见；另一方面，在不对用户造成打扰的前提下，触达用户的次数越多越好。

为什么市面上的大品牌都在孜孜不倦地投广告呢？也是相同的道理。还拿可口可乐来举例，作为全球最大的饮料公司，其市场占有率已将近50%，几乎每个人都知道可口可乐。那么，可口可乐还有必要继续投广告吗？答案是有必要。越是反复触达用户，转化发生的概率就越高。

4）强化商家个人IP

说到私域运营，"微商"应该是开创者。朋友圈刚诞生没多久时，微商就占领了这块高地，他们热衷于展示自己的生活是怎么从零开始慢慢变得有起色的，他们是怎么节节高升、平步青云的，以及他们最后是怎么实现财富自由的——想复制这种成功路径的人，都成了他们的下线。

尽管这种销售形式争议很大，不过我们必须得承认，微商在个人形象打造方面遥遥领先。打造个人IP是私域的优势。

商家可以通过朋友圈运营和聊天话术来包装自己，给用户留下更深刻的印象——风趣幽默的、追求品质的、真诚负责的。当用户对商家有比较好的印象时，信任度会提升，购买的可能性也相应提高。

在公域平台上，因为有相关的限制，商家能呈现的素材有限，基本是围绕着产品和买家案例展开的。显然，私域离用户更近。

5）提高复购率和连带销售率

价格和品质都差不多的瓜果蔬菜，你是愿意到小区楼下的生活超市买，还是愿意步行 30 分钟到 3 公里外的大型商超去采购？我相信选择前者的人更多。因为在目标相同的情况下，人们倾向于选择更为简短的路径。

商家把用户引流到私域，直接拉近双方的距离，这对日后的二次购买是有利的——假如用户对某个产品很认可，用完之后还想再买，那么直接在微信上发个信息就行了，简单方便。而且用户在微信上将产品推荐给好友的可能性也会更高。越是简单的动作，重复起来就越容易。

私域运营对于产品的复购率和连带购买率都有很好的提升。有一位电商大佬是这么形容私域的——粉丝是属于平台的，只有把粉丝搞到私域，粉丝才真正属于我们。

对于靠广告变现的创作者而言，这句话未必合理，但对于以销售产品和服务为主的商家来说，这句话就是不争的事实。毕竟自媒体平台的政策变幻莫测，流量起起伏伏，不可控的因素太多。而私域运营相当于把流量攥在自己手里，这样显然更安心、更稳定。

7.2 私域的基础运营

关于私域，可以用一个浅显的比喻来概括：如果公域是一片海，浩浩荡荡、无边无际，那么用户就是海里的鱼；海里有各式各样的鱼，商家想要从海里捕到适合自己的鱼，不仅要广撒网，还要在网中放入特制的诱饵，把目标鱼群吸引过来，然后收网，把鱼转移到自己的鱼塘里，也就是所谓的私域；被转移到鱼塘里的鱼，个头有大有小，大鱼可以直接兑现价值，小鱼则需要养一阵子。具体过程如图 7-2 所示。

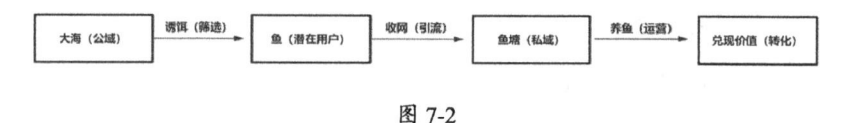

大海（公域）— 诱饵（筛选）→ 鱼（潜在用户）— 收网（引流）→ 鱼塘（私域）— 养鱼（运营）→ 兑现价值（转化）

图 7-2

可以说，在鱼塘里养鱼并兑现价值的过程就是私域运营的过程。在我们把捕到的鱼转移到自己的鱼塘之前，需要先挖一个鱼塘。有鱼塘，捕回来的鱼才有舒适的地方待着。挖鱼塘，就是搭建私域，把私域搭建好，便于之后承接用户流量。

1. 私域搭建

私域搭建就相当于装饰自己的私人房间。房间装饰得好，用户进来一看，舒适且体面，对房间和房间主人的印象也会更好；如果房间装饰得不好，或者干脆就没有任何装饰，那么用户进来一看，乱七八糟的，可能二话不说就摔门而去了。由此可见，私域的搭建很重要。搭建私域应主要从以下几个方面入手，如图 7-3 所示。

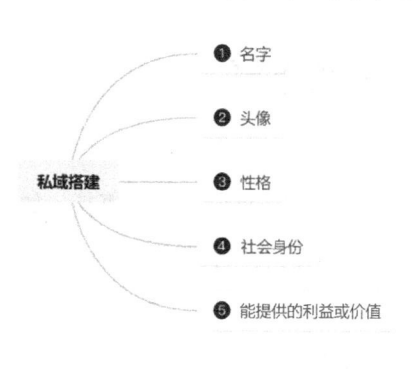

私域搭建
❶ 名字
❷ 头像
❸ 性格
❹ 社会身份
❺ 能提供的利益或价值

图 7-3

1）名字

无论是商家添加用户，还是用户添加商家，用户第一眼看到的信息都是微信名字。名字作为第一信息要素，其重要性不言而喻。

在私域里，商家的名字应该遵循两个原则——与引流渠道相关、不要出现乱码。

私域要用来承接用户流量，商家的名字当然要与渠道相关，比如商家在公域平台上叫张三，结果用户添加商家微信时，微信名显示为李四，那么用户可能会因此怀疑自己添加错了人。要杜绝任何增加用户成本的行为。商家在平台上以张三的名义引流，那么私域里的名字就必须是和张三相关的，比如张三、张三助理、张三的店铺等。用户进入私域，等于受邀进入一个房间，房间号码对得上，用户才会更安心。

名字中不出现乱码也是一样的道理，添加陌生人微信时，如果他的名字里全是乱码，用户可能会担心自己是否遇到了诈骗。

2）头像

私域里的商家头像建议使用真人照片、品牌Logo或店铺Logo。

为什么呢？因为真人照片或品牌Logo，代表着具体的人或具体的店铺。站在用户的角度，用户无疑更希望和具体的人、具体的店铺产生交易行为，因为那样更有保障。就好比，用户进入你的房间，作为房间的主人，你总不能不露脸吧。

3）性格

可能会有读者觉得奇怪，在私域里，为什么要展示商家的性格？

展示商家的性格特征，不仅能让用户感受到背后是鲜活的人，还能体现出商家对待产品或服务的态度。

比如一个商家表现得很愤怒，但他不是无端狂怒，而是不满同行弄虚作假、欺骗消费者——这是一种正向的愤怒。虽然这种性格不那么温和，但用户看到商家这种职业态度，可能反倒会生出好感。谁不希望房间主人是正直、认真、负责的呢？

4）社会身份

社会身份表明了商家的职业或社会背景，用户通过社会身份可以快速了解商家。

当商家以公司形式运营私域时，可以用创始人、主理人、店长、助理等身份；当商家以个人名义运营私域时，可以用喜欢护肤的宝妈、专攻 AI 技术的"211"研究生、爱搞钱的女大学生等身份。既然用户都进到房间里了，那肯定得让他知道房间主人是干什么的。

5）能提供的利益或价值

这是留存用户的关键。用户添加商家，肯定不是加着玩的，而是希望从中有所收获——可以是好的产品、好的服务，也可以是其他价值。所以商家一定要把自己能提供的利益或价值展示出来。

问题是，名字和头像都是直接呈现出来的，而性格、社会身份、能提供的利益或价值这些都是无形的，怎么能让用户看到呢？其实可以展示的地方有很多，比如朋友圈个性签名、社群通知等。

2. 私域运营

搭建好私域等同于装饰完房间。用户进入房间，对房间主人有了初步了解后，接下来房间主人要对用户进行管理和教育，也就是所谓的私域运营。

私域运营触达用户的路径如图 7-4 所示。

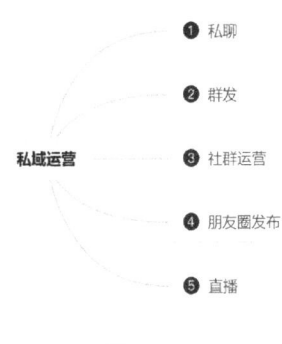

私域运营
- ❶ 私聊
- ❷ 群发
- ❸ 社群运营
- ❹ 朋友圈发布
- ❺ 直播

图 7-4

1）私聊

从刚添加用户时商家的自我介绍，到用户日常咨询问题，都属于私域运营中的私聊。私聊作为一对一沟通，对于商家来说是很好的自我展示机会，应该提前准备好相应的私聊话术，在用户咨询时给用户留下好印象。

2）群发

群发通常用于通知全体用户。群发消息不应太过频繁，频率应控制在每个月 1 次左右，否则可能会对用户造成打扰。由于群发的机会有限，因此商家要合理利用，保证发出去的消息是有价值的。

那么什么消息是有价值的呢？通常是涉及直接利益的消息，比如有奖活动、免费资料发放、优惠活动等；或者是能够提供情绪价值的内容，比如深刻的感悟、启发性的思考、专业领域的干货知识。

3）社群运营

在私域运营里，社群运营常用于大型销售活动——团购、秒杀、满减等。商家编辑好消息，在群聊里@所有人，可以快速触达绝大多数用户。还可以在社群内安插气氛组，调动购买气氛，促成更高的转化率，这样做精准且高效。

社群运营的难点在于用户管理，因为个别用户的言行很容易影响整个社群的氛围。比如用户购买的产品出现了问题，若商家不及时处理，那么用户很容易在社群里"爆发"，将愤怒传递给社群里的其他用户，最终导致商家口碑滑坡。

4）朋友圈发布

作为私域中最重要的触达路径，朋友圈的运营可以说是一门大学问。因为私聊、群发、社群运营等路径不便操作太频繁，而在朋友圈发布消息，对用户的打扰程度没那么强。无论是教育用户，还是转化用户，朋友圈都是核心阵地。本章后面讲到的私域相关文案写作，都是围绕着朋友圈文案讲解的。

5）直播

随着视频号的普及，视频号直播已经成为常见的私域运营方式。通过视频号直播，用户可以和商家面对面实时交流，这是其他私域路径所不具备的优势。

我们曾经做过测试，费尽口舌发数十条私信取得的转化率，远不如做一场面对面的直播来得高。这说明，未来视频号直播将成为私域运营里最有力的转化手段之一。

任何触达用户的行为，我们都可以将其视作一种私域运营手段。而运营的最终目的是让用户产生消费行为。

7.3　私域教育文案写作

无论我们用什么私域运营技巧，最终的落地方式都是图文和视频，因此这就离不开文案写作了。

从功能性上来分，私域文案可以分为教育文案和转化文案。本节我们先来介绍教育文案写作。

教育文案，顾名思义，就是对用户进行教育的相关文案。可能会有读者感到疑惑，用户教育是什么呢？用户教育，指的是企业或个人为了提高用户对产品或服务的认识、理解和使用能力而进行的一系列行为活动。像前面提到的形成了"汉堡和薯条配可乐"的认知就是用户教育的结果。

最常见的用户教育内容就是广告。国内的知名广告都会有非常深入人心的广告语，比如"今年过节不收礼，收礼只收脑白金""冷热酸甜，想吃就吃——冷酸灵牙膏"，这些本质上就是在做用户教育，不断占领用户的心智，告诉他们在什么时候应该用什么产品。当相关的认知占领了用户的心智后，如果用户有相关需求，那么他们就会选择特定的那几样产品。用户教育的作用如图 7-5 所示。

1）占领用户心智

心理学中有一个概念，叫作曝光效应，指的是人们对于自己熟悉的事物有着明显的偏好。同样地，一个品牌、一个产品，出现在用户面前的次数越多，就越容易赢得用户的信任和好感。

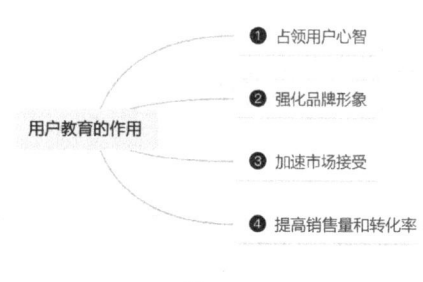

```
                    ❶ 占领用户心智
                    ❷ 强化品牌形象
用户教育的作用
                    ❸ 加速市场接受
                    ❹ 提高销售量和转化率
```

图 7-5

前阵子我开车回老家，发现高速公路上有很多功能饮料的广告牌，比如红牛、东鹏特饮、魔爪能量。为什么功能饮料会扎堆在高速公路上投放广告？原因很简单，因为在高速公路上驾驶可能会感到疲惫，需要功能饮料来补充体能，这些品牌在占领用户心智。

对用户而言，市面上的品牌有那么多，他们为什么要选择某个特定的品牌？自然是谁能占领用户心智，用户就选谁。

2）强化品牌形象

高质量的用户教育可以提升品牌形象。现在的品牌宣传形式越来越丰富，比如走进用户家中、和艺术家合作、投身公益等，以此展示企业对用户的关怀，并强化自身的品牌形象。

3）加速市场接受

这种方式尤其适合新品营销。站在消费者的角度想一想，你是否会去购买自己完全不认识的品牌的产品？这种概率是很低的。因为对产品不了解、不熟悉，人们就会下意识地产生防范心理。

对于新产品来说，对用户进行教育就是让用户认识自己，这有助于加速市场接受，加速产品布局。

4）提高销售量和转化率

提高销售量和转化率是用户教育的最终目的。

在全球范围内，卖得最好的手机是苹果手机。根据官方数据，苹果公司在主流手机品牌广告营销中的投入占比最高，达到了21.4%。花这么多钱投广告、进行用户教育，自然是希望从中获得比较可观的投入产出比。因为提高用户对产品的认识，就能提高转化率和销售量。

相信大家已经意识到用户教育的重要性，那么，相应的私域教育文案该怎么写呢？私域教育文案主要出现在朋友圈中，所以篇幅不同于传统广告，普遍比较简短、精练。

私域教育文案有以下几种常用组合，即常用公式。

（1）公式一：现实场景+共鸣金句+产品或服务+图片

假如张三做的是知识付费服务，那么按照公式一，私域教育文案可以这么写：

今天有朋友跟我说，现在的"00后"工作能力很强，他担心自己被替代。

我想说的是：

舞台再大，自己不上台，永远是个观众；

平台再好，自己不参与，永远是个局外人；

能力再强，自己不行动，永远是个失败者。

我们研发了"3天全面掌握AI"这门课程，就是希望大家跟上步伐，不要成为被时代车轮碾过扬起的尘埃。

（课程简介图片）

假如张三做的是护肤类产品，那么按照公式一，私域教育文案可以这么写：

好多姐妹盼星星、盼月亮，都在期盼一份爱情，希望有个好男人能对自己好。

可是好的缘分从来都是可遇不可求的。

在一个人的日子里，也别忘了好好爱自己。

要好好吃饭，好好睡觉，好好护肤，让自己永远年轻。

我们这款精华液，纯植物萃取，不伤皮肤，能呵护每个女孩的肌肤。

（精华液产品图片）

（2）公式二：热点话题+观点+产品或服务+图片

在私域运营中，可以借助热点来进行营销。假如李四是提供职业规划服务的，那么按照公式二，私域教育文案可以这么写：

某大厂又裁了2000名员工，已经不记得这是今年的第几次大规模裁员了。

经济环境不好，人才又过度饱和，如果不会把自己的优势壮大成壁垒，那么在职场中被淘汰是迟早的。

我做职业规划这么多年，已经服务了2000名以上的职场人，普通人怎么放大自己的能力，我可太懂了！

（职业规划服务简介图片）

（3）公式三：普遍性问题+解决方法+产品或服务+图片

不写感悟、不追热点时，可以通过干货知识文案来进行用户教育。假如王五是卖颈椎按摩仪的，那么根据公式三，私域教育文案可以这么写：

现在很多上班族，一坐三四小时，颈椎又酸又痛，久了便会发展成颈椎劳损，后果很严重。

其实，只需要三个步骤就可以缓解这种酸痛感。

第一步：脖子后仰35度。

第二步：用两个手的大拇指按住斜方肌。

第三步：先顺时针按摩15分钟，再逆时针按摩15分钟。

坚持按摩半个月，之后类似的酸痛感基本不会再出现。

如果你觉得麻烦，也可以试试下面这款颈椎按摩仪，我用它按摩了两个星期，什么颈椎毛病都消失了，真的好用。

（颈椎按摩仪产品图片）

（4）公式四：有奖问答+产品或服务+图片

设置有奖问答，不仅可以提升用户对产品的认知，还可以和用户形成良好的互动。假如赵六卖的产品是漱口水，那么根据公式四，私域教育文案可以这么写：

有奖问答来了！

口腔异味问题真的很烦人，尤其在日常社交和亲密关系中，口腔有异味，自己都不好意思开口说话，别人也会觉得困扰。

那么今天的问题就是：导致口腔异味的原因都有哪些呢？

原因有很多，答对一个就算正确。

我们会抽取前3个回答正确的朋友，送出我们的自研漱口水。

这款漱口水口感温和无刺激，能有效维持口气清新18小时，让你远离口腔异味。

送这么好的产品，还不快来参与答题！

（漱口水产品图片）

私域教育文案还有很多种写法，比如使用用户案例、竞品对比、品牌联名等。无论使用哪种写作手法，本质都是提及产品卖点，以及产品带来的现实意义。

7.4 私域转化文案写作

如果用户教育和用户转化有先后顺序，那么必然是教育在前。其中的逻辑很好理解，用户对一个产品或服务的认知，是从无到有，再从有到深的，在这个过程中，用户将被不断教育。

对于没有任何认知的产品或服务，用户通常保持慎重的态度。就拿可乐来说，假如你在超市看到两款可乐，一款叫"可口可乐"，另一款叫"张三可乐"，我不认为你会购买张三可乐。理由很简单，因为对你来说，张三可乐完全没听过，它的味道如何、品质怎么样，这些都是未知的。

因此，从广告投放（或私域文案）占比来说，用于用户教育的内容要大于用于用户转化的内容——经过大量的用户教育铺垫后，再进入用户转化环节，销售就会变得简单很多。

在私域运营里，通常以"70%的教育文案+30%的转化文案"的形式去更新内容。之所以这么编排两者的比例，一是因为，要取得用户心理层面的认可需要更多的时间成本；二是因为，对于销售性质的内容，要控制其出现频率，否则可能会引起用户的不满。

用户转化文案的比例低，并不意味着它不重要。它和用户教育文案一样重要，两者相辅相成。经历过教育后，用户对相应的产品或服务已经很了解，这时就可以直接引导其下单了——转化文案可以出场了。

转化文案普遍比较直白，都带有明显的产品信息和购买方式。私域转化文案怎么写呢？同样有几个常用的公式。

（1）公式一：限时/限量福利+产品或服务+引导下单+图片

通过限时福利或限量福利，比如打折、秒杀、满减、买赠等，促使用户下单。假如张三卖的是无骨鸡爪，那么根据公式一，私域转化文案可以这么写：

0添加无骨鸡爪，原价19.9元/罐，今天21：00前下单，只需要9.9元/罐，2罐直接包邮。

泡椒、柠檬、藤椒、香辣等多种口味，鲜嫩多汁，鲜香可口，休闲零食，煲剧神器。

即开即食，不加防腐剂，都是家用调料，自家小孩都在吃。

直接扫描下方二维码，把美味带回家。

（无骨鸡爪产品图片+购买二维码）

销售很直接、不拐弯抹角、直接卖，这就是转化文案的特点，因为前面已经用教育文案做过铺垫。

（2）公式二：用户好评+产品或服务+引导下单+图片

为什么各大电商平台的商家都很注重卖家秀和五星好评呢？因为这代表着用户口碑。用户口碑是大部分消费者下单时的重要参考。

假如李四卖的是排毒养颜类产品，那么按照公式二，私域转化文案可以这么写：

刚上线，我就收到了宝子发来的感谢信息，说她被色斑困扰了多年，各种护肤产品都试了一遍，结果治标不治本，用了我们的产品，色斑真的变淡了，而且完全没有反弹。

被宝子们认可真的好幸福啊！

皮肤问题，本质上是身体代谢问题，外用护肤品很难根治。

我们这款草本提取物的淡斑产品，主要从人体代谢方面发挥作用，清除体内毒素，改善痤疮、色斑、面黄等皮肤问题。

如果你有上述皮肤问题，那你一定要试试，大部分人使用半个月就能看到效果。

点击下方链接，让自己的皮肤好起来。

（产品图片+购买链接）

（3）公式三：节点营销+产品或服务+引导下单+图片

借助一些有仪式感的节日，比如春节、母亲节、儿童节等，或者某些特殊的时间节点，比如立春、夏至等，来进行营销，激发用户的购买欲。节点营销通常要提前 3~5 天布置，不能太早也不能太晚，太早没有节日氛围，对销售的助力不明显；太晚不利于备货。

假如王五卖的是鲜花，想利用母亲节这个节点进行营销，那么按照公式三，私域转化文案可以这么写：

马上就到母亲节了，妈妈辛苦操劳了大半辈子，所有的热闹始终与她无关，不过属于她的一天终于要来了。

她也许会说不需要礼物，但你是知道的，任何一个小礼物，都能让她开心得像个孩子。

粉色康乃馨，象征着母亲温柔、细腻和无私的爱，代表着对母亲的感激和尊敬。

49.9 元/束，精美礼盒包装，直接送到家，少喝两杯奶茶，就可以换妈妈开心一整天。

扫描下方二维码，向你的妈妈投送爱吧。

（康乃馨花束图片+购买二维码）

如果营销节点是情人节，那么私域转化文案可以这么写：

情人节又到了，人与人相遇的概率是 0.00487%，相爱的概率则比这要低得多。

如果你已经遇到了对的人，那么请你好好珍惜她，好好呵护她。也请你在适当的时间，给你们的感情一份惊喜和仪式感。

无论是代表着热情和浪漫的红玫瑰，还是象征着温柔和甜美的粉玫瑰，都代表着你张扬的小爱意。

相信我，没有哪个女孩能拒绝浪漫。

扫描下方二维码，给你的女孩悄悄准备一份惊喜。

（花束图片+购买二维码）

（4）公式四：痛点问题+产品或服务+引导下单+图片

上来就说痛点，击中用户，促使用户下单。假如赵六卖的是眼药水，那么按照公式四，私域转化文案可以这么写：

长时间对着电脑工作，眼睛不仅会干涩、疲劳，还会留下不可逆的伤害。

这就是现在近视的人越来越多的原因。不光近视的人多，深度近视遗传给后代的人也不少。

所以，各位一定要保护好眼睛啊！

我们这款夜间修复眼药水，各大眼科医院都在用，成分安全，温和无刺激，适合各类眼睛敏感人群。睡前滴一滴，夜间使用，深层滋养，可以缓解一整天的用眼疲劳。

眼睛是我们与美好世界连接的窗口，保护好眼睛，就是保护好我们拥有的美好。

扫描下方二维码，让你疲惫的双眼休息一下吧。

（眼药水产品图片+购买二维码）

转化文案的写作方法可以简单归纳为一个公式：各类场景+产品或服务+引导下单+图片。重点是要设计出让用户代入的场景——某个节日、某个生活片段、某个用户反馈、某个普遍性痛点，等等。

在日常的私域运营中，用户教育文案和用户转化文案可以混合更新。记住，先教育，后转化。

7.5 私域运营的注意事项

我们稍微留意一下就会发现,私域文案有几个共同点:篇幅都很短,只有简单的几行字;当中一定会出现产品或服务信息;文案结尾处都会配上产品图片。

为什么会有这样的共同点呢?原因很简单,因为在私域中,我们的一举一动都影响着用户体验,所以要最大限度地迎合用户使用朋友圈的习惯。与其说是私域文案,不如说是让用户下单的朋友圈。

我们要在用户习惯的基础上去实现私域文案效果的最大化。因此,私域运营有以下几个注意事项,如图 7-6 所示。

私域运营的注意事项
① 发布时间
② 更新频率
③ 内容形式

图 7-6

1)发布时间

私域内容不是想发就发的,要考虑曝光量如何。比如张三凌晨 3 点爬起来发朋友圈,曝光量肯定不理想,毕竟在这个时间大部分人都已睡着,不太可能去刷朋友圈。

私域内容的发布时间,要迎合大众的作息。微信用户刷朋友圈的活跃时间段主要如下。

（1）7:30—9:30：我们可以想想，自己在这个时间段正在做什么，是不是刚起床，或者在去公司的路上？对于大部分用户来说，刚起床时会习惯性地翻看手机朋友圈，在通勤的公共交通工具上也会拿出手机浏览各种信息。在该时间段更新内容意味着更高的曝光量。

（2）11:30—13:30：这是大部分企业和学校的午休时间，在这段时间里，大部分人都在吃饭、午休，有闲暇时间玩手机、刷朋友圈。

（3）17:00—19:00：该时间段是晚餐时间和下班通勤时间，正是用户看手机的高峰期，适合更新私域内容。

（4）19:30—23:30：在该时间段内，用户可能躺在沙发上休息，也可能已经洗完澡准备睡觉，这是密集翻看手机的时间段。

根据消费者行为学，人们在不同的时间段可能会有不同的心理状态和需求，在下班后的放松时间里，人们可能更倾向于浏览和购买商品。为什么很多直播带货都在晚上进行？自然是因为这个时候大家有更多的空闲时间和更放松的心情，更容易发生消费行为。

2）更新频率

很多商家对于私域内容更新频率的理解存在这样一个误区：更新得越勤，内容就越容易被看到。

实际上并不是这样的。如果一篇文案频繁地出现在用户的视线里，而且又全是营销类的内容，那么很可能会招致反感。为什么很多人反感微商，就是因为一部分微商从业者在更新朋友圈时频繁刷屏，已经打扰到他人。因此，私域文案的更新频率要适度。

根据我们内部测试的结果，一天发布 2~4 条朋友圈为佳。在这个频率的基础上更新私域内容，既不容易被用户单方面删除，又能保证内容被大部分用户看到。

3）内容形式

内容形式对于私域文案来说极为重要，我们在发布私域文案时应尽量兼顾以下几点。

（1）内容质量：不要盲目追求数量，质量更重要。一条高质量的内容可能抵过千百条滥竽充数的内容。

（2）内容丰富度：切记，不要来来回回就用那一个文案。前面介绍了多个文案写作公式，建议商家混合使用，保证内容的丰富度，最终测试出接受度最高的内容模板。

（3）内容互动性：商家应尽量多做有奖问答，提升用户的参与度，也可以多去点赞、评论用户的朋友圈，留下有趣或有价值的互动痕迹。

（4）内容篇幅控制：通常情况下，朋友圈中的文案行数应不超过 6 行，否则内容会被折叠起来，用户无法一次性看完所有内容，还需要手动点开全文才能查看。我们说过，任何增加用户成本的行为都要避免。

（5）内容相关配图：对于私域文案，配图很重要。如果私域内容是纯文字的，那么该文案在朋友圈中将非常容易被忽略，而配图可以更好地抓取用户的注意力，同时对文案进行补充。配图时，建议以 1、2、3、4、6、9 张图片为宜，以保证朋友圈页面的美观。配图的清晰度也要注意，模糊不清或带有水印的图片会降低内容品质，不建议使用。

我们曾经做过调查，调查样本是 50 名用户，问他们最讨厌什么样的朋友圈，结果排在前三的是刷屏、负能量、高糊图片。高糊图片指的是那种被转发了好几手，已经彻底模糊不清的照片。

在某种层面上来说，私域运营和所有自媒体平台运营很相似，核心都是内容。只不过私域把用户框在一个更小的空间里。

当然，私域运营与其他自媒体平台运营也有很多不同之处。在私域这个有限空间里，商家和用户的距离更近，彼此发生交互的频率更高。因此，商家在内容的设计上更有指向性，需要根据用户的偏好和需求提供定制化的产品推荐、专属优惠和相关服务。

可以这么理解：在公域中，大部分内容的作用是让用户停留、沉浸、共鸣，并产生点赞、收藏、转发等互动行为；而在私域里，内容的作用是让用户对商家产生信任并与之交易。后者就是为了转化用户而存在的。

为什么说私域很重要呢？因为它给产品销售提供了更直接、更精准的实现场景。

结 语

当你看到这里时,你已基本完成了这本书的阅读和学习。至此,我想以一个故事来为本书画上句号。

我的老家在一个位于粤西地区的小村庄,村尾住着一位独身的老爷爷,他虽然已70岁高龄,但走路飞快,像田径运动员。他闲时喜欢坐在家门口,一边刷短视频一边抽水烟,吞云吐雾,整个人被浓烟包裹,远远看着,像是把自己点着了的卧龙先生;他忙时则为各种节假日或红白喜事奔走,给人写对联、写祝词、写祭文、写讣告……

老爷爷从不干农活,全靠一支笔养活自己。年轻的时候,他读过不少书,是个说书先生。据他老人家说,他说书的内容都是自己根据《三国演义》和《西游记》改编的。在读这些书时,他把有趣的章节抄下来,然后加入自己改编的内容。

那时正是20世纪70年代,百废待兴,老百姓几乎没有什么娱乐项目,老爷爷就挑着两个竹篾箩筐,装着自己的衣服和书,游走在各个村庄里给人说书。老爷爷说得好,深受大家的喜爱,不过村里的老百姓都穷,没有钱给他,便会给他些吃的。在县城里说书,待遇要好一些,老爷爷说他一上午能赚到几毛钱。按现在的说法,老爷爷是做内容的,做的还是付费内容。

不久之后,随着报纸和电台的普及,听书的人越来越少,老爷爷就不说书了,而是到镇宣传部去上班了,写镇刊、写宣传资料。用我们现在的岗位命名,老爷爷那时候干的是文案岗位。

在镇宣传部写东西是个好差事,镇刊每两三个月发一次,文章上面还署着老爷爷的名字,不但体面、收入高,而且听起来很有文

结　语

化，周边村子的姑娘都慕名而来，主动找他谈对象。

老爷爷说，那是他的人生巅峰时期。"人生巅峰"这个词是他老人家的原话，因为爱刷短视频，他用词都很时髦。

老爷爷在镇宣传部干到50多岁，然后退休。尽管有退休金，可他还是闲不住，总想着做点儿什么。他认字多、会写文章，于是就想着，能不能把逢年过节需要的对联、祭祖时用到的祭文、红白喜事用到的祝词和讣告，这些写字的活儿给揽下来呢？

老爷爷起初也不懂这些，但在文字这行干了这么久，哪怕从零开始学也难不倒他。不到半个月，他就把这些整得明明白白的，并且开始承接相关的业务。干这活儿一般不直接谈钱，都是对方主动给红包表示心意，红包都是200元起的。不到半个月就能开始变现，这放在现在的自媒体时代都是很"炸裂"的。

直到今天，老爷爷还在干这些活儿。在某种程度上，他是靠文字吃饭的，从最开始的改编名著到写镇刊，再到写对联、写祝词，可以说写作贯穿了他的整个人生。

写作，是一门可以穿越时间的手艺。回望内容的发展史，我们也能发现相似的规律。

从古时候的神话传说、诗词歌赋、章回小说，到近代的报纸杂志、戏剧歌剧、电台广播，再到如今的电影、电视剧和短视频，这些都是内容。内容作为精神养分，能够穿越一个个时间周期，一直滋养着人们的心灵。

无论时代怎么变迁，传播介质怎么变化，人类需要内容这件事都是不会变的。而内容产生的根本形式，便是写作。也就是说，只要内容存在，对写作这项技能的需求就会存在。

我现在坐在电脑前写稿，电脑中弹出来的弹窗广告是内容、书房里飘荡着的音乐是内容、手机里播放着的短视频是内容、咖啡袋上印着的宣传语是内容——我们肉眼可见的大部分视频、音频、图片、文字，都是内容。

内容是永远不会消失的，它是人类文明的一种具象化表达。写作需求也是永远不会消失的，它是内容之根本。

记得我刚转行到内容行业时，有位朋友对此不理解，说道："许天，你确定要转行吗？写作都不算正经工作吧？我怕你到时候养活不了自己，还得去跑滴滴。"

时间过得很快，从我转行进入内容行业到现在，已经过去了八个年头。我从一个实习编辑，变成了内容公司的创始人，无论是在事业上，还是在物质上，可以说写作彻底改变了我的人生走向。

我从写作这项技能中获得了很多，所以我希望大家也能习得写作这项技能，并从中获益。

忘了说，我那位觉得写作不算正经工作的朋友，因为行业不景气，已经跑滴滴一年多了……